金融機関職員なら
知っておきたい

個人情報の
取扱い

弁護士・元個人情報保護委員会事務局 上席政策調査員
和田洋一
個人情報保護委員会事務局 参事官補佐
北村剛士
個人情報保護委員会 上席政策調査員
小田倉宏和
［著］

一般社団法人**金融財政事情研究会**

前　　文

「個人情報の保護に関する法律」（以下、前文において「個人情報保護法」という）は、個人の権利・利益の保護と、個人情報の有用性とのバランスを図るため、民間事業者の個人情報の取扱いについて規定した法律である。

個人情報保護法が平成17年４月に全面施行されてから10年以上が経つが、昨今、個人情報をめぐる状況については、次のような変化が起こっている。

・情報通信技術の飛躍的な進展によりビッグデータの収集・分析が可能となり、新産業・新サービスの創出等が期待されている。

・他方、個人情報およびプライバシーという概念が広く認識されるとともに、情報通信技術の活用により自分の個人情報が悪用されるのではないかなどの消費者の意識が高まってきている。

・経済・社会活動のグローバル化に伴い、個人情報を含むデータの国境を越えた流通が増えており、国際的にも個人情報を保護しつつ、円滑なデータ流通を確保することが求められている。

このような状況を踏まえ、平成27年９月に「個人情報の保護に関する法律及び行政手続における特定の個人を識別するための番号の利用等に関する法律の一部を改正する法律」（以下、前文において「改正法」という）が公布され、平成29年５月30日から全面施行されている。

具体的な改正内容は、個人識別符号という類型を設けたことによる個人情報の範囲の明確化、要配慮個人情報の取扱いの厳格化、匿名加工情報制度の新設による個人情報の利活用の促進など、多岐にわたるが、個人情報を取り扱う際の基本的なルールの骨格は改正後も変わっていない。詳細は本章に譲るが、個人情報保護法の主なルールは以下のとおりである。

(a)　個人情報を取得・利用するときのルール

個人情報を取得する場合は、原則として、その利用目的を本人に通知または公表しなければならない。また取得した個人情報を利用する際は、原

則として、その利用目的の範囲内で利用しなければならない。

　特に個人情報のうち、要配慮個人情報（本人の人種、信条、病歴など本人に対する不当な差別または偏見が生じる可能性のある個人情報）を取得する場合は、原則として、本人の同意を取得する必要がある。

(b)　個人データを管理するときのルール

　個人データの漏えい、滅失またはき損が生じないように安全に管理しなければならない。

(c)　個人データを第三者に提供するときのルール

　個人データを第三者に提供する場合は、原則として、本人の同意を得ることが必要となる。

　また、改正法により、提供者および受領者の双方に対して、確認・記録義務が課せられることとなった。

(d)　個人データを外国にある第三者へ提供するときのルール

　事業活動がグローバル化し、国境を越えて多くのパーソナルデータが流通するようになったことから、改正法により、次のいずれかに該当する場合に、個人データの越境移転ができるものと整理された。

・外国にある第三者へ提供することについて、本人の同意を得る。

・外国にある第三者が委員会の規則で定める基準に適合する体制を整備している。

・外国にある第三者が委員会が認めた国に所在する。

(e)　本人から保有個人データの開示等を請求等されたときのルール

　本人からの請求等に応じて、原則として、保有個人データを開示、訂正、利用停止等を行う必要がある。

　上記の(a)から(e)までに掲げた内容は、個人情報保護法上の義務であるが、金融分野の事業者においては、個人情報保護法の改正前より、金融機関の職務の公共性や利用者の信認の確保などの観点から、他分野に比して厳格な規律が適用されていた。例えば、機微（センシティブ）情報の取扱いなどである。

したがって、各金融機関においては、改正法に対応する際にも、円滑な実務が損なわれることのないように既に構築している高い水準の保護体制とうまく整合させ、社内の体制をアップデートすることが求められる。

　このような観点から、個人情報保護委員会は「『個人情報の保護に関する法律についてのガイドライン』及び『個人データの漏えい等の事案が発生した場合等の対応について』に関するQ＆A」、また、金融庁と連名の上で「金融機関における個人情報保護に関するQ＆A」を公表し、金融機関の対応の方向性を示しているところである。平成29年5月30日の改正法全面施行日を迎えて、ほとんどの金融機関が、これらのQ＆Aなどを参考にし、改正法に対応されているであろう。

　しかし、今後、ビジネスの変化や、世間・消費者の意識の高まりにより、個人情報の取り扱い方についての変更が求められる場面もあり得る。また、フィンテックの進展と相まって、ビッグデータの利活用も想定されるところであり、金融機関における様々な形での取組みもあり得るであろう。

　金融機関としては、個人情報の保護および利活用の双方の視点を備えた経営戦略が必要になってくるのではないかと思う。

　本書は、金融分野ガイドラインの策定や、金融分野の認定個人情報保護団体の個人情報保護指針の策定の支援などを担当し、金融機関の実務に精通する担当者により執筆されたものである。法令、各ガイドラインやQ＆Aについて、その背景とともに紹介・解説をし、あわせて実務上の工夫を示している。

　最前線にいる現場の各金融機関の担当者においては、本書を実務の参考の一助にしてもらえればと思う。また、あわせて、個人情報保護委員会は、ウェブサイト等において、適時、丁寧な情報発信に努めているので、こちらもご参照いただきたい。

平成29年12月

個人情報保護委員会事務局長　　其田　真理

【著者略歴】

和田　洋一（わだ　よういち）

　元個人情報保護委員会事務局　上席政策調査員

　弁護士（東京弁護士会所属）

　平成21年野村證券株式会社に入社。コンプライアンス部門にて勤務。

　平成27年4月（〜平成29年3月）より特定個人情報保護委員会事務局（現：個人情報保護委員会事務局）に出向し、番号法・個人情報保護法に関する業務を担当。

　『論点解説　個人情報保護法と取扱実務』（共著、日本法令、平成29年）、『Q＆Aで理解する！個人情報の取扱いと保護』（共著、清文社、平成29年）等の著書等がある。

北村　剛士（きたむら　たけし）

　個人情報保護委員会事務局　参事官補佐

　平成27年7月より金融庁から特定個人情報保護委員会事務局（現：個人情報保護委員会事務局）に出向し、番号法・個人情報保護法に関する業務を担当。

小田倉　宏和（おだくら　ひろかず）

　個人情報保護委員会事務局　上席政策調査員

　平成15年大手金融機関に入行。

　平成28年10月より個人情報保護委員会事務局に出向し、個人情報保護法に関する業務等を担当。

目　次

第1章　全　体

1　改正法の全体像 ………………………………………………………… 2

2　政省令、ガイドライン ………………………………………………… 3

第2章　委員会GL

1　委員会によるガイドライン策定の背景 …………………………… 6

2　通則GLの内容について …………………………………………… 8

3　個人情報、個人識別符号（改正法第2条第1項、第2項） ………… 10

　⑴　「生存する」 ……………………………………………………… 11

　⑵　「個人に関する情報」 …………………………………………… 11

　⑶　「特定の個人を識別することができる」 ……………………… 12

　⑷　容易照合性 ……………………………………………………… 13

　⑸　個人識別符号 …………………………………………………… 16

　⑹　具体的事例 ……………………………………………………… 27

4　要配慮個人情報（改正法第2条第3項、第17条第2項、第23条第

　2項） ………………………………………………………………… 31

　⑴　範　　囲 ………………………………………………………… 32

　⑵　各要配慮個人情報の具体的内容 ……………………………… 35

　⑶　推知情報 ………………………………………………………… 40

　⑷　本人の同意（通則GL3－2－2） …………………………… 42

　⑸　「取得」 …………………………………………………………… 45

　⑹　例外（改正法第17条第2項各号）（通則GL3－2－2） ……… 46

　⑺　取得・提供規制に違反した場合の規律 ……………………… 55

（8） 機微（センシティブ）情報との関係 ………………………………… 56
5　個人情報データベース等（通則GL２－４） ……………………… 56
（1）　概　　要 …………………………………………………………………… 57
（2）　改正内容 …………………………………………………………………… 58
（3）　具 体 例 …………………………………………………………………… 60
6　保有個人データ（通則GL２－７） ……………………………………… 62
（1）　概　　要 …………………………………………………………………… 63
（2）　「権限」を有すること ……………………………………………………… 65
（3）　除外要件 …………………………………………………………………… 66
7　利用目的（通則GL３－１） …………………………………………… 71
（1）　概　　要 …………………………………………………………………… 72
（2）　個人番号（マイナンバー）との関係（預貯金口座付番） ……………… 76
8　適正取得（通則GL３－２－１） ……………………………………… 79
9　第三者提供の制限 …………………………………………………………… 83
（1）　原　　則 …………………………………………………………………… 84
（2）　例　　外 …………………………………………………………………… 84
（3）　第三者に該当しない場合 ………………………………………………… 89
（4）　個人データの判断基準（提供元基準or提供先基準） ………………… 92
10　オプトアウト手続による個人データの第三者提供に係る届出等
（通則GL３－４－２） ……………………………………………………… 93
（1）　概　　要 …………………………………………………………………… 95
（2）　法律構成の再検討 ………………………………………………………… 97
（3）　オプトアウトによる第三者提供の手続要件 …………………………… 100
11　域外適用（通則GL６－１） …………………………………………… 108
（1）　概　　要 …………………………………………………………………… 108
（2）　具 体 例 …………………………………………………………………… 110
（3）　改正法第24条との関係 …………………………………………………… 111
（4）　個人を相手とする場合 …………………………………………………… 112

(5) グループ企業内の海外拠点 ································· 112

12 外国にある第三者への提供 ······························· 113

(1) 概　　要 ··· 113

(2) 改正法第23条との関係 ································· 116

(3) 改正法第24条の適用の有無──「外国にある第三者」 ··········· 118

(4) ①外国にある第三者へ提供することについて本人の同意がある
場合（外国GL 2 − 1） ································· 120

(5) ②外国にある第三者が規則で定める基準に適合する体制を整備
している場合（外国GL 3 − 1、3 − 2） ··············· 123

(6) ③外国にある第三者が規則で定める国に所在する場合 ········· 136

(7) ④改正法第23条第 1 項各号のいずれかに該当する場合 ········· 139

(8) クラウドサービスについて ····························· 139

(9) その他の個別場面 ····································· 148

13 確認・記録義務 ····································· 150

(1) 概　　要 ··· 151

(2) 確認記録GLの構成 ····································· 152

(3) 明文上確認・記録義務が適用除外される場合 ············· 153

(4) 外国にある第三者に個人データを提供する場合の記録義務の適
用 ··· 158

(5) 解釈上確認・記録義務が適用除外される場合 ············· 160

(6) 確認・記録義務が適用される場合の具体的内容 ··········· 177

14 匿名加工情報 ····································· 200

(1) 匿名加工情報（改正法第36条〜第39条）の新設 ··········· 200

(2) 匿名加工情報の定義（匿名加工GL 2 − 1） ··············· 200

(3) 加工基準（規則第19条） ································· 201

(4) 安全管理措置（改正法第36条第 2 項、規則第20条、匿名加工
GL 3 − 3 ） ··· 202

(5) 公表義務（改正法第36条第3項、規則第21条、匿名加工 GL3－4）‥‥‥‥‥‥‥‥‥‥‥‥‥‥‥‥‥‥‥‥‥‥‥‥‥ 204

(6) 識別行為の禁止（匿名加工GL3－6）‥‥‥‥‥‥‥‥‥‥ 206

第3章　金融分野GL等

1　総　　論 ‥‥‥‥‥‥‥‥‥‥‥‥‥‥‥‥‥‥‥‥‥‥‥‥ 208

(1) 金融分野GL等の背景について ‥‥‥‥‥‥‥‥‥‥‥‥‥ 208

(2) 金融「関連」分野 ‥‥‥‥‥‥‥‥‥‥‥‥‥‥‥‥‥‥ 209

(3) 金融分野GL等の策定根拠、目的等 ‥‥‥‥‥‥‥‥‥‥‥ 210

(4) 金融分野GL等の各規定の記載 ‥‥‥‥‥‥‥‥‥‥‥‥‥ 211

2　各　　論 ‥‥‥‥‥‥‥‥‥‥‥‥‥‥‥‥‥‥‥‥‥‥‥‥ 212

(1) 機微（センシティブ）情報 ‥‥‥‥‥‥‥‥‥‥‥‥‥‥ 212

(2) 本人同意の方式 ‥‥‥‥‥‥‥‥‥‥‥‥‥‥‥‥‥‥‥ 220

(3) 安全管理措置等 ‥‥‥‥‥‥‥‥‥‥‥‥‥‥‥‥‥‥‥ 222

(4) その他の上乗せ措置 ‥‥‥‥‥‥‥‥‥‥‥‥‥‥‥‥‥ 228

(5) 漏えい事案等が発生した場合の対応 ‥‥‥‥‥‥‥‥‥‥ 235

第4章　権限行使と罰則

1　委員会による権限行使 ‥‥‥‥‥‥‥‥‥‥‥‥‥‥‥‥‥‥ 250

2　個人情報データベース等不正提供罪 ‥‥‥‥‥‥‥‥‥‥‥‥ 252

(1) 制定の背景 ‥‥‥‥‥‥‥‥‥‥‥‥‥‥‥‥‥‥‥‥‥ 253

(2) 適用要件 ‥‥‥‥‥‥‥‥‥‥‥‥‥‥‥‥‥‥‥‥‥‥ 254

(3) 国外犯（改正法第86条）‥‥‥‥‥‥‥‥‥‥‥‥‥‥‥ 255

(4) 両罰規定（改正法第87条）‥‥‥‥‥‥‥‥‥‥‥‥‥‥ 255

第1章

全　体

1 改正法の全体像

　平成27年9月3日に「個人情報の保護に関する法律及び行政手続における特定の個人を識別するための番号の利用等に関する法律の一部を改正する法律」（平成27年法律第65号）が成立し、9日に公布された。

　個人情報の保護を図りつつ、近年の飛躍的な情報通信技術の進展に対応したパーソナルデータの適正かつ効果的な活用を積極的に推進することにより、活力ある経済社会および豊かな国民生活の実現に資するために、個人情報の範囲を明確にするとともに、個人情報を加工することにより安全な形で利活用できるようにする匿名加工情報の取扱いについての規律を定め、これら個人情報等の取扱いに関し監督を行う個人情報保護委員会を設置する等、個人情報等に係る制度について所要の改正を行ったものである。

　その概要は以下のとおりである。

　第1に、個人情報の範囲を明確にするため、特定の個人の身体の一部の特徴を変換した符号、個人に発行される書類に記載された符号等のうち政令で定めるものが含まれるものを個人情報に位置付けることとしている。

　第2に、本人に対する不当な差別または偏見が生じないように人種、信条、社会的身分、病歴等が含まれる個人情報（「要配慮個人情報」）の取扱いについての規定を整備している。

　第3に、安心、安全なパーソナルデータの利活用を推進するため、特定の個人を識別することができないように個人情報を加工し、かつ、その個人情報を復元できないようにしたものを「匿名加工情報」と定義し、その加工方法を定めるとともに、その取扱いについての規定を整備している。

　第4に、近年深刻化している個人情報漏えい事案への対応として、個人情報の第三者提供を受ける際に取得経緯等の確認および記録の作成等を義務付けるとともに、不正な利益を図る目的により個人情報データベース等の提供をした際の罰則を整備している。

第5に、個人情報の適正な取扱いを確保すべく、その取扱いを行う事業者等を一元的に監視、監督する体制を整備するために、「行政手続における特定の個人を識別するための番号の利用等に関する法律」（平成25年法律第27号。以下「番号法」という）を根拠とする特定個人情報保護委員会を改組して個人情報保護委員会を設置することとし、その組織や所掌事務等についての規定を整備している。

　第6に、企業活動のグローバル化に伴う個人情報の適正かつ円滑な流通を確保するため、外国にある第三者に個人データを提供する場合についての規定を整備するとともに、外国事業者等が、国内にある者に対する物品または役務の提供に関連して取得した個人情報を、外国において取り扱う場合についての規定を整備している。

2　政省令、ガイドライン

　この改正後の個人情報の保護に関する法律（以下「改正法」という）に基づく個人情報の保護に関する法律施行令（平成15年政令第507号。以下「政令」という）および個人情報の保護に関する法律施行規則（平成28年個人情報保護委員会規則第3号。以下「規則」という）が、意見募集手続を経て、平成28年10月5日に公布されている。

　また、改正法に係る「個人情報の保護に関する法律についてのガイドライン」（通則編、外国にある第三者への提供編、第三者提供時の確認・記録義務編、匿名加工情報編。以下「委員会GL」という）についても、意見募集手続を経て、平成28年11月30日に公表されている。

　加えて、平成28年12月20日の閣議決定を経て、改正法が、平成29年5月30日に全面施行された。

　金融分野においては、個人情報保護委員会（以下「委員会」という）および金融庁により、平成28年12月15日から平成29年1月13日まで、「金融分野

における個人情報保護に関するガイドライン」（以下「金融分野GL」という）および「金融分野における個人情報保護に関するガイドラインの安全管理措置等についての実務指針」（以下「実務指針」といい、金融分野GLとあわせて「金融分野GL等」という）について、意見募集手続を経て、平成29年2月28日に公表されている。

委員会GLおよび金融分野GL等の中で、改正法、政令、規則の内容を包摂しているものであることから、次章以下では、これらのガイドラインを紹介していきながら、法令の解釈を説明していく。

なお、本書は、著者が個人情報保護委員会事務局においてガイドライン・Q＆A等の策定や各種説明会の講師に携わった経験も踏まえて執筆したものであるが、ガイドライン等を引用している部分以外については、筆者個人の見解にとどまり、同委員会の公的見解を示すものではないので、ご留意願いたい。

第 2 章

委員会GL

1 委員会によるガイドライン策定の背景

　個人情報の保護に関する法律（平成15年法律第57号。以下「個情法」という）の改正前は、各事業分野を所管する主務大臣が、当該事業分野の事業者に対して勧告・命令などの同法に基づく監督権限を行使することとなっており、また、当該事業分野の各事業者が遵守すべきガイドラインを策定していた。

　改正法の全面施行日以後は、この主務大臣制は廃止され、個情法に基づく全事業分野の監督権限（改正法により立入検査権が追加）は委員会に一元化されることとなり、また、これに伴い、各主務大臣のガイドラインも、原則として委員会が策定するすべての分野に共通に適用される汎用的なガイドラインに一元化されている。

図表2−1　個人情報保護委員会の監督権限

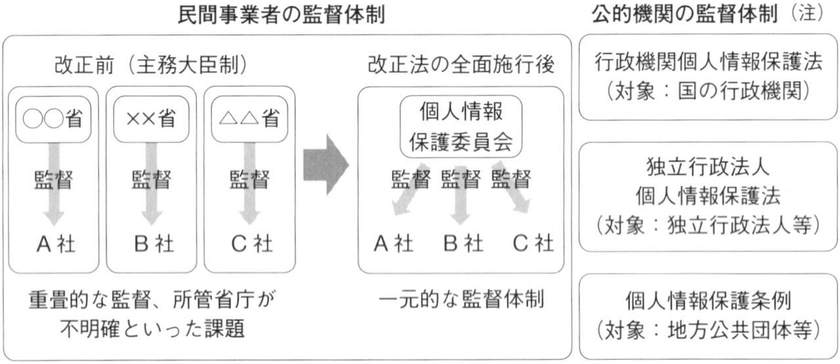

（注）　公的機関の監督体制は、個情法の改正前後で変更はない。
（出所）　個人情報保護委員会事務局資料

　この汎用的なガイドラインを策定するにあたり、今回の法改正で「外国にある第三者への個人データの提供」（改正法第24条）、「個人データの第三者提供時における確認・記録義務」（改正法第25条、第26条）および「匿名加

工情報」（改正法第2条第9項、第36条から第39条まで）の3つが新しく導入された大きな内容であることを踏まえて、事業者の理解に資するように、ガイドラインを「通則編」「外国にある第三者への提供編」「第三者提供時の確認・記録義務編」「匿名加工情報編」といった形で、4本建てにしている（以下、各ガイドラインについて、「通則GL」「外国GL」「確認記録GL」「匿名加工GL」という）。

　いずれのガイドラインも、事業者が個人情報の適正な取扱いの確保に関して行う活動を支援すること、および当該支援により事業者が講ずる措置が適切かつ有効に実施されることを目的として、改正法第4条、第8条および第60条に基づき具体的な指針として定めるものである。

法第4条　国は、この法律の趣旨にのっとり、個人情報の適正な取扱いを確保するために必要な施策を総合的に策定し、及びこれを実施する責務を有する。

法第8条　国は、地方公共団体が策定し、又は実施する個人情報の保護に関する施策及び国民又は事業者等が個人情報の適正な取扱いの確保に関して行う活動を支援するため、情報の提供、事業者等が講ずべき措置の適切かつ有効な実施を図るための指針の策定その他の必要な措置を講ずるものとする。

法第60条　委員会は、個人情報の適正かつ効果的な活用が新たな産業の創出並びに活力ある経済社会及び豊かな国民生活の実現に資するものであることその他の個人情報の有用性に配慮しつつ、個人の権利利益を保護するため、個人情報の適正な取扱いの確保を図ること（個人番号利用事務等実施者（行政手続における特定の個人を識別するための番号の利用等に関する法律（平成25年法律第27号。以下「番号利用法」という。）第12条に規定する個人番号利用事務等実施者をいう。）

に対する指導及び助言その他の措置を講ずることを含む。）を任務と
する。

　ただし、一部の分野については、個人情報の性質・利用方法、改正前の個
情法のもとでのガイドライン自体の内容の特殊性も踏まえて、委員会が定め
る上記の通則GL等をベースにして、これらの分野においてさらに必要とな
る別途の規律を定めていくものとして整理された。

　そして、金融分野においても、改正前の個情法のもとで金融庁が策定して
いる「金融分野における個人情報保護に関するガイドライン」（以下「旧金
融分野GL」という）が一定の上乗せ措置を規定しているところであり、上
記の一部の分野に含まれたものである（図2－2参照）。

図表2－2　ガイドライン全体の考え方

✓改正個人情報保護法の全面施行に伴い、同法の監督権限が当委員会に一元化されることから、当委員会が、全ての分野に共通に適用される汎用的なガイドラインを定める。 ✓なお、各省庁のガイドラインのうち個人情報保護法に関するものは、原則として当委員会が定めるガイドラインに一元化するが、一部の分野については、個人情報の性質及び利用方法並びに現行の規律の特殊性等を踏まえて、上記のガイドラインを基礎として、当該分野において更に必要となる別途の規律を定める方向。 （別途の規律が必要と考えられる分野の例） 医療関連、金融関連（信用等含む）、情報通信関連

（出所）　第19回個人情報保護委員会資料「個人情報保護法ガイドライン（案）について」

2　通則GLの内容について

　通則GLの中では、個情法における、「個人情報」「個人データ」といった
主要な用語の定義と、基本的な義務について、関連する法律・政令・規則の

条文等を掲載した上で基本的な解釈の事例を記載している。

通則GLの内容には、今回、法改正の対象とならず改正前の個情法と同じ部分が多く含まれている。そして、そういった改正前の個情法に対する基本的な法解釈については、これまで各主務大臣が共通に示してきた内容を原則として踏襲している。

例えば、個人データの第三者への提供にあたって本人の同意が必要であるといった規律（改正法第23条第1項柱書）についても、例えば、警察からの捜査関係事項照会があった場合（刑事訴訟法（昭和23年法律第131号）第197条第2項）、税務署の所得税等に関する調査に対応する場合（国税通則法（昭和37年法律第66号）第74条の2）は、「法令に基づく場合」（改正法第23条第1項第1号）として、本人の同意なく第三者に提供できるといったことを記載している。

また、大規模災害のようなときに、被災者情報を家族、行政機関、地方自治体等に提供する行為は、「人（法人を含む。）の生命、身体又は財産といった具体的な権利利益が侵害されるおそれがあり、これを保護するために個人データの提供が必要であり、かつ、本人の同意を得ることが困難である場合」に該当し、本人の同意なく個人データの提供ができる（改正法第23条第1項第2号）といった解釈についても、これまで各主務大臣のガイドラインで一般に示されてきた内容であるが、引き続き、通則GLでも記載している。

なお、委員会GLが適用される事業者の分野・規模が多種多様であるといったことを踏まえて、通則GLの内容は汎用かつわかりやすい内容とする方向性のもと、詳細な解説、細かい事例などはあえて記載をせず、必要に応じて、「「個人情報の保護に関する法律についてのガイドライン」及び「個人データの漏えい等の事案が発生した場合等の対応について」に関するQ&A」（以下「Q&A」という）等において示している。

3 個人情報、個人識別符号（改正法第2条第1項・第2項）

　改正前の個情法では、保護対象として、生存する個人に関する情報のうち、①「特定の個人を識別することができるもの」と、②「他の情報と容易に照合することができ、それによって特定の個人を識別することができるもの」を「個人情報」としていた。

　改正法においても個人情報に該当する全体の範囲は変わらないものの、情報の性質上、①の要件を満たすものとして新たに「個人識別符号」を規定している。これは、個人情報の外延についてグレーゾーンと呼ばれる領域が存在しビジネスのイノベーションに一定の弊害が生じていた一方で、"氏名"さえなければ個人情報に該当しないという誤解があったことから、改めて、概念の明確化を図ったものである。

【改正前】

法第2条　この法律において「個人情報」とは、生存する個人に関する情報であって、当該情報に含まれる氏名、生年月日その他の記述等により特定の個人を識別することができるもの（他の情報と容易に照合することができ、それにより特定の個人を識別することができることとなるものを含む。）をいう。

【改正後】

法第2条　この法律において「個人情報」とは、生存する個人に関する情報であって、次の各号のいずれかに該当するものをいう。

一　当該情報に含まれる氏名、生年月日その他の記述等（文書、図画若しくは電磁的記録（電磁的方式（電子的方式、磁気的方式その他人の知覚によっては認識することができない方式をいう。次項第2

号において同じ。）で作られる記録をいう。第18条第2項において
同じ。）に記載され、若しくは記録され、又は音声、動作その他の
方法を用いて表された一切の事項（個人識別符号を除く。）をい
う。以下同じ。）により特定の個人を識別することができるもの
（他の情報と容易に照合することができ、それにより特定の個人を
識別することができることとなるものを含む。）

二 <u>個人識別符号が含まれるもの</u>

（下線は筆者による）

(1)以下において、個人情報を構成する各要件について、改正前からの解釈
を改めて確認するとともに、改正により個人識別符号が新設された背景・内
容、実務への影響について、あわせて解説する。

(1) 「生存する」

個人情報の定義上、「生存する」という文言があるため、死者に関する情
報は個人情報には含まれないことがわかる。ただし、死者に関する情報が、
同時に、遺族等の生存する個人に関する情報でもある場合には、当該生存す
る個人に関する情報に該当する。

金融機関の実務において、死者に関する情報に接触する場面は日常的にあ
る。例えば、被保険者の死亡を保険事故とした保険金請求を受け付ける場
合、銀行口座・証券口座の口座名義人が死亡した場合等である。

この場合、保険金請求人、相続人に係る情報は「個人情報」に該当する
が、死者については「個人情報」には該当しないことから、この点を踏まえ
て社内の体制を整備する必要がある。

(2) 「個人に関する情報」

「個人に関する情報」とは、氏名、住所、性別、生年月日、顔画像等個人
を識別する情報に限られず、個人の身体、財産、職種、肩書等の属性に関し

て、事実、判断、評価を表すすべての情報である。

評価情報、公刊物等によって公にされている情報も「個人に関する情報」に該当する。

映像、音声による情報も含まれる。この点は、改正前の個情法の解釈から変わるものではないが、改正法の「個人情報」の定義において、「電磁的記録」「音声」などの文言が追加されることにより、この点が明確になっている。なお、暗号化等によって秘匿化されているかどうかを問わない。

法人その他の団体は「個人」に該当しないため、法人等の団体そのものに関する情報は「個人情報」に該当しない（ただし、役員、従業員等に関する情報は個人情報に該当する）。

この「個人」には日本国民に限らず、外国人も含まれる。なお、当然のことながら、あくまで日本国内の法律が適用されることが前提であることから（属地主義）、日本の国外においてのみ取扱いが行われる「個人情報」についてまで適用が及ぶものではない（本章11「域外適用（通則GL 6 − 1 ）」も参照）。

(3) 「特定の個人を識別することができる」

「特定の個人を識別することができる」とは、社会通念上、一般人の判断力や理解力をもって、生存する具体的な人物と情報との間に同一性を認めるに至ることができることをいう。本人と同姓同名の人が存在する可能性もあるが、氏名のみであっても、社会通念上、特定の個人を識別することができるものと考えられるので、個人情報に該当すると考えられる。

他方で、前述のとおり、氏名がなくても、この「特定の個人を識別することができる」と評価し得ることはある。この点は、後述の(5)「個人識別符号」の新設とも関連するところである。

通則GLでは以下の例が挙げられているところである。

事例１）本人の氏名

事例２）生年月日、連絡先（住所・居所・電話番号・メールアドレス）、会社における職位又は所属に関する情報について、それらと本人の氏名を組み合わせた情報

事例３）防犯カメラに記録された情報等本人が判別できる映像情報

事例４）本人の氏名が含まれる等の理由により、特定の個人を識別できる音声録音情報

事例５）特定の個人を識別できるメールアドレス（kojin_ichiro@example.com等のようにメールアドレスだけの情報の場合であっても、example社に所属するコジンイチロウのメールアドレスであることが分かるような場合等）

事例６）個人情報を取得後に当該情報に付加された個人に関する情報（取得時に生存する特定の個人を識別することができなかったとしても、取得後、新たな情報が付加され、又は照合された結果、生存する特定の個人を識別できる場合は、その時点で個人情報に該当する。）

事例７）官報、電話帳、職員録、法定開示書類（有価証券報告書等）、新聞、ホームページ、SNS（ソーシャル・ネットワーク・サービス）等で公にされている特定の個人を識別できる情報

⑷ 容易照合性

「他の情報と容易に照合することができ」るとは、通常の業務における一般的な方法で、他の情報と容易に照合することができる状態をいう。これは、事業者の実態に即して個々の事例ごとに判断されるべきものである。

Q１−16 「他の情報と容易に照合することができ、それにより特定の個人を識別することができることとなる」（法第２条第１項）に該当する事例としては、どのようなものがありますか。

A１−16 例えば、特定の個人を識別することができる情報に割り当て

られている識別子（例：顧客ID等）と共通のものが割り当てられていることにより、事業者内部において、特定の個人を識別することができる情報とともに参照することが可能な場合、他の情報と容易に照合することができると解され得るものと考えられます。

Ｑ１－３　住所や電話番号だけで個人情報に該当しますか。

Ａ１－３　個別の事例ごとに判断することになりますが、他の情報と容易に照合することにより特定の個人を識別することができる場合、当該情報とあわせて全体として個人情報に該当することがあります。

（出所）　前出Ｑ＆Ａ。以下同じ。

　他方、例えば、他の事業者への照会を要する場合等であって照合が困難な状態は、一般に、容易に照合することができない状態であると解される。

Ｑ１－15　事業者の各取扱部門が独自に取得した個人情報を取扱部門ごとに設置されているデータベースにそれぞれ別々に保管している場合において、ある取扱部門のデータベースと他の取扱部門のデータベースの双方を取り扱うことができないときには、「容易に照合することができ」（法第２条第１項）ないといえますか。

Ａ１－15　事業者の各取扱部門が独自に取得した個人情報を取扱部門ごとに設置されているデータベースにそれぞれ別々に保管している場合において、双方の取扱部門やこれらを統括すべき立場の者等が、規程上・運用上、双方のデータベースを取り扱うことが厳格に禁止されていて、特別の費用や手間をかけることなく、通常の業務における一般的方法で双方のデータベース上の情報を照合することができない状態である場合は、「容易に照合することができ」ない状態であると考えられます。

　一方、双方の取扱部門の間で、通常の業務における一般的な方法で

14

双方のデータベース上の情報を照合することができる状態である場合
は、「容易に照合することができ」る状態であると考えられます。

なお、容易照合性の概念自体は、改正により影響するものではないが、例
えば、改正前の個情法のもとでは次のようなQ＆Aが経済産業省より示され
ていた。

Q14 事業者の各取扱部門が独自に取得した個人情報を取扱部門ごとに
設置されているデータベースにそれぞれ別々に保管している場合にお
いて、ある取扱部門のデータベースと他の取扱部門のデータベースへ
のアクセスが、規程上・運用上厳格に禁止されているときには、「容
易に照合することができ」（法第2条第1項）ないといえますか。
（2014.12.12）

A14 他の取扱部門のデータベースへのアクセスが規程上・運用上厳格
に禁止されている場合であっても、双方の取扱部門を統括すべき立場
の者等が双方のデータベースにアクセス可能なときには、当該事業者
にとって「容易に照合することができ」る状態にあると考えられま
す。ただし、経営者、データベースのシステム担当者などを含め社内
の誰もが規程上・運用上、双方のデータベースへのアクセスを厳格に
禁止されている状態であれば、「容易に照合することができ」るとは
いえないものと考えられます。（2014.12.12）

理論上は、「個人に関する情報」について、「容易照合性」を遮断する措置
を講ずれば「個人情報」の該当性は否定されることになる。

しかし、この容易照合性の判断は、一従業者ではなく、事業者を主体とし
てなされるものである。とすると、現実的には、事業者内部で「容易照合
性」を遮断する措置を講ずることはハードルが高いものと思われる（この問
題意識は「匿名加工情報」制度の新設にもつながるものである）。

ただし、仮に「個人情報」該当性が否定されないまでも、事業者内部で氏名削除などの措置を講ずることは、安全管理措置義務（改正法第20条）との関係で、有意義である。

(5)　個人識別符号

　個人識別符号は、改正法第2条第1項第1号の個人情報とは異なり、容易照合性（(4)「容易照合性」参照）を判断するまでもなく、それ単体で「特定の個人を識別することができるもの」として個人情報に該当するものである。

　典型的に「個人を特定することができる」ものには氏名が挙げられるが、その「氏名」と同じく個人を特定する機能を有するものと考えれば、イメージを持ちやすいのではないかと思われる。

　個人識別符号には、具体的には、生体認証情報等、指紋や顔の特徴をコンピューター処理ができるようにデジタルデータ化したもの（類型I）や、個人番号（マイナンバー）、医療保険の被保険者識別番号、基礎年金番号、運転免許証番号、旅券番号、住民票コード等（類型II）があり、いずれも政令の指定により、個人識別符号の範囲が確定される。

【平成27年5月8日　第189回衆議院内閣委員会　第4号】

〈塩川委員〉

（略）この個人識別符号に関して基本的な考え方について示すというふうにお答えをされておられます。その基本的な考え方についてお示しいただけるでしょうか。

〈山口国務大臣〉

（略）

　御質問の、個人識別符号、これに該当するものを政令で定める際の基準につきましてですが、今後、民間企業とか消費者の意見等を踏まえながら検討していくというふうなことになりますが、現時点におきまして

は、情報単体から特定の個人を識別することができるか否かの判断を行う際の基準として、例えば一つには情報が一意であるか等、これは個人と情報の結びつきの程度ですね、さらには情報の内容の変更が頻繁に行われないか等、これは情報の不変性の程度、さらには情報に基づいて直接個人にアプローチをすることができるか等、これは本人の到達性。
（略）

ア　類型Ⅰ（政令第1条第1号、規則第2条）

法第2条

2　この法律において「個人識別符号」とは、次の各号のいずれかに該当する文字、番号、記号その他の符号のうち、政令で定めるものをいう。

一　特定の個人の身体の一部の特徴を電子計算機の用に供するために変換した文字、番号、記号その他の符号であって、当該特定の個人を識別することができるもの

政令第1条　個人情報の保護に関する法律（以下「法」という。）第2条第2項の政令で定める文字、番号、記号その他の符号は、次に掲げるものとする。

一　次に掲げる身体の特徴のいずれかを電子計算機の用に供するために変換した文字、番号、記号その他の符号であって、特定の個人を識別するに足りるものとして個人情報保護委員会規則で定める基準に適合するもの

イ　細胞から採取されたデオキシリボ核酸（別名DNA）を構成する塩基の配列

ロ　顔の骨格及び皮膚の色並びに目、鼻、口その他の顔の部位の位置及び形状によって定まる容貌

ハ　虹彩の表面の起伏により形成される線状の模様

　　ニ　発声の際の声帯の振動、声門の開閉並びに声道の形状及びその
　　　変化

　　ホ　歩行の際の姿勢及び両腕の動作、歩幅その他の歩行の態様

　　ヘ　手のひら又は手の甲若しくは指の皮下の静脈の分岐及び端点に
　　　よって定まるその静脈の形状

　　ト　指紋又は掌紋

規則第2条　個人情報の保護に関する法律施行令（以下「令」という。）
　第1条第1号の個人情報保護委員会規則で定める基準は、特定の個人
　を識別することができる水準が確保されるよう、適切な範囲を適切な
　手法により電子計算機の用に供するために変換することとする。

　類型Ⅰとしては、まず、「DNAを構成する塩基の配列」「顔の骨格及び皮
膚の色並びに目、鼻、口その他の顔の部位の位置及び形状によって定まる容
貌」「虹彩の表面の起伏により形成される線状の模様」「発声の際の声帯の振
動、声門の開閉並びに声道の形状及びその変化」「歩行の際の姿勢及び両腕
の動作、歩幅その他の歩行の態様」「手のひら又は手の甲若しくは指の皮下
の静脈の分岐及び端点によって定まるその静脈の形状」「指紋又は掌紋」が
政令により個別に指定されている。

　さらに、指定されたもののうち、「特定の個人を識別するに足りるものと
して個人情報保護委員会規則で定める基準に適合するもの」が個人識別符号
に該当することとしている。この趣旨は、前述のとおり、個人情報の外延は
「特定の個人を識別することができるもの」であることは改正によっても変
わらないことから、類型Ⅰについても、「特定の個人を識別するに足りるも
の」が要件である旨を明確にしている点にある。他方で、類型Ⅰについて
は、技術の進歩に応じて頻繁に見直しを行う可能性があることから、さらに
規則で「基準」を定めることとしている。

規則では、当該基準について、「特定の個人を識別することができる水準が確保されるよう、適切な範囲を適切な手法により電子計算機の用に供するために変換すること」としているところ、その具体的内容を、さらに通則GLで次のとおり明確にしている。

イ　細胞から採取されたデオキシリボ核酸（別名DNA）を構成する塩基の配列

　　ゲノムデータ（細胞から採取されたデオキシリボ核酸（別名DNA）を構成する塩基の配列を文字列で表記したもの）のうち、全核ゲノムシークエンスデータ、全エクソームシークエンスデータ、全ゲノム一塩基多型（single nucleotide polymorphism：SNP）データ、互いに独立な40箇所以上のSNPから構成されるシークエンスデータ、9座位以上の4塩基単位の繰り返し配列（short tandem repeat：STR）等の遺伝型情報により本人を認証することができるようにしたもの

ロ　顔の骨格及び皮膚の色並びに目、鼻、口その他の顔の部位の位置及び形状によって定まる容貌

　　顔の骨格及び皮膚の色並びに目、鼻、口その他の顔の部位の位置及び形状から抽出した特徴情報を、本人を認証することを目的とした装置やソフトウェアにより、本人を認証することができるようにしたもの

ハ　虹彩の表面の起伏により形成される線状の模様

　　虹彩の表面の起伏により形成される線状の模様から、赤外光や可視光等を用い、抽出した特徴情報を、本人を認証することを目的とした装置やソフトウェアにより、本人を認証することができるようにしたもの

ニ　発声の際の声帯の振動、声門の開閉並びに声道の形状及びその変化によって定まる声の質

　　音声から抽出した発声の際の声帯の振動、声門の開閉並びに声道の

形状及びその変化に関する特徴情報を、話者認識システム等本人を認証することを目的とした装置やソフトウェアにより、本人を認証することができるようにしたもの

ホ　歩行の際の姿勢及び両腕の動作、歩幅その他の歩行の態様

　　歩行の際の姿勢及び両腕の動作、歩幅その他の歩行の態様から抽出した特徴情報を、本人を認証することを目的とした装置やソフトウェアにより、本人を認証することができるようにしたもの

ヘ　手のひら又は手の甲若しくは指の皮下の静脈の分岐及び端点によって定まるその静脈の形状

　　手のひら又は手の甲若しくは指の皮下の静脈の分岐及び端点によって定まるその静脈の形状等から、赤外光や可視光等を用い抽出した特徴情報を、本人を認証することを目的とした装置やソフトウェアにより、本人を認証することができるようにしたもの

ト　指紋又は掌紋

（指紋）指の表面の隆線等で形成された指紋から抽出した特徴情報を、本人を認証することを目的とした装置やソフトウェアにより、本人を認証することができるようにしたもの

（掌紋）手のひらの表面の隆線や皺等で形成された掌紋から抽出した特徴情報を、本人を認証することを目的とした装置やソフトウェアにより、本人を認証することができるようにしたもの

チ　組合せ

　　政令第1条第1号イからトまでに掲げるものから抽出した特徴情報を、組み合わせ、本人を認証することを目的とした装置やソフトウェアにより、本人を認証することができるようにしたもの

　この「本人を認証すること」という文言については、登録された顔の容貌やDNA、指紋等の生体情報をある人物の生体情報と照合することで、特定の個人を識別することができる水準である符号が個人識別符号となることを

示すため、あえて、「認証」との言葉を用いているところである。

　なお、ロ以下においては、「目的」という文言が使用されているが、事業者の主観を個人識別符号の要件とするものではないことに留意する必要がある。

Q1-20　施行令第1条第1号に規定された個人識別符号に関するガイドライン（通則編）の記載において、「本人を認証することを目的とした装置やソフトウェアにより、本人を認証することができるようにしたもの」とありますが、これは、事業者が認証を目的としてある符号を取り扱っている場合にのみ、当該符号が個人識別符号に該当するという趣旨ですか。

A1-20　「本人を認証することができるようにしたもの」とは、「本人を認証することができるだけの水準がある」という趣旨であり、事業者が実際に認証を目的として取り扱っている場合に限定しているものではありません。

　金融分野においては、改正前の個情法下における実務指針において機微（センシティブ）情報に該当する生体認証に係る情報は安全管理措置の対象であることが明確にされているため（注）、基本的には実務に影響はないものと思われるが、今後、新たな形態の生体認証技術を採用する場合には通則GLの記載をもとに、採用を検討している技術が適合しているかどうかの検討が必要と思われる。

（注）　改正前の個情法下における実務指針からの抜粋

（別添2）金融分野における個人情報保護に関するガイドライン第6条に定める「機微（センシティブ）情報」（生体認証情報を含む）の取り扱いについて

　（略）機微（センシティブ）情報に該当する生体認証情報（機械による自動認証に用いられる身体的特徴のうち、非公知の情報。以下同じ）の取り扱いについては、別添2に規定する全ての措置を実施しなければならない。

（略）

（下線は筆者による）

イ　類型Ⅱ（政令第1条第2号〜第8号、規則第3条、第4条）

法第2条

2　この法律において「個人識別符号」とは、次の各号のいずれかに該
　当する文字、番号、記号その他の符号のうち、政令で定めるものをい
　う。

一　（略）

二　個人に提供される役務の利用若しくは個人に販売される商品の購
　　入に関し割り当てられ、又は個人に発行されるカードその他の書類
　　に記載され、若しくは電磁的方式により記録された文字、番号、記
　　号その他の符号であって、その利用者若しくは購入者又は発行を受
　　ける者ごとに異なるものとなるように割り当てられ、又は記載さ
　　れ、若しくは記録されることにより、特定の利用者若しくは購入者
　　又は発行を受ける者を識別することができるもの

政令第1条　個人情報の保護に関する法律（以下「法」という。）第2
　条第2項の政令で定める文字、番号、記号その他の符号は、次に掲げ
　るものとする。

一　（略）

二　旅券法（昭和26年法律第267号）第6条第1項第1号の旅券の番
　　号

三　国民年金法（昭和34年法律第141号）第14条に規定する基礎年金
　　番号

四　道路交通法（昭和35年法律第105号）第93条第1項第1号の免許
　　証の番号

五　住民基本台帳法（昭和42年法律第81号）第 7 条第13号に規定する
　住民票コード

六　行政手続における特定の個人を識別するための番号の利用等に関
　する法律（平成25年法律第27号）第 2 条第 5 項に規定する個人番号

七　次に掲げる証明書にその発行を受ける者ごとに異なるものとなる
　ように記載された個人情報保護委員会規則で定める文字、番号、記
　号その他の符号

　イ　国民健康保険法（昭和33年法律第192号）第 9 条第 2 項の被保
　　険者証

　ロ　高齢者の医療の確保に関する法律（昭和57年法律第80号）第54
　　条第 3 項の被保険者証

　ハ　介護保険法（平成 9 年法律第123号）第12条第 3 項の被保険者
　　証

八　その他前各号に準ずるものとして個人情報保護委員会規則で定め
　る文字、番号、記号その他の符号

規則第 3 条　令第 1 条第 7 号の個人情報保護委員会規則で定める文字、
　番号、記号その他の符号は、次の各号に掲げる証明書ごとに、それぞ
　れ当該各号に定めるものとする。

一　令第 1 条第 7 号イに掲げる証明書　同号イに掲げる証明書の記
　号、番号及び保険者番号

二　令第 1 条第 7 号ロ及びハに掲げる証明書　同号ロ及びハに掲げる
　証明書の番号及び保険者番号

規則第 4 条　令第 1 条第 8 号の個人情報保護委員会規則で定める文字、
　番号、記号その他の符号は、次に掲げるものとする。

一　健康保険法施行規則（大正15年内務省令第36号）第47条第 2 項の
　被保険者証の記号、番号及び保険者番号

二　健康保険法施行規則第52条第１項の高齢受給者証の記号、番号及び保険者番号

三　船員保険法施行規則（昭和15年厚生省令第５号）第35条第１項の被保険者証の記号、番号及び保険者番号

四　船員保険法施行規則第41条第１項の高齢受給者証の記号、番号及び保険者番号

五　出入国管理及び難民認定法（昭和26年政令第319号）第２条第５号に規定する旅券（日本国政府の発行したものを除く。）の番号

六　出入国管理及び難民認定法第19条の４第１項第５号の在留カードの番号

七　私立学校教職員共済法施行規則（昭和28年文部省令第28号）第１条の７の加入者証の加入者番号

八　私立学校教職員共済法施行規則第３条第１項の加入者被扶養者証の加入者番号

九　私立学校教職員共済法施行規則第３条の２第１項の高齢受給者証の加入者番号

十　国民健康保険法施行規則（昭和33年厚生省令第53号）第７条の４第１項に規定する高齢受給者証の記号、番号及び保険者番号

十一　国家公務員共済組合法施行規則（昭和33年大蔵省令第54号）第89条の組合員証の記号、番号及び保険者番号

十二　国家公務員共済組合法施行規則第95条第１項の組合員被扶養者証の記号、番号及び保険者番号

十三　国家公務員共済組合法施行規則第95条の２第１項の高齢受給者証の記号、番号及び保険者番号

十四　国家公務員共済組合法施行規則第127条の２第１項の船員組合員証及び船員組合員被扶養者証の記号、番号及び保険者番号

十五　地方公務員等共済組合法規程（昭和37年総理府・文部省・自治省令第１号）第93条第２項の組合員証の記号、番号及び保険者番号

十六　地方公務員等共済組合法規程第100条第1項の組合員被扶養者
　　証の記号、番号及び保険者番号

十七　地方公務員等共済組合法規程第100条の2第1項の高齢受給者
　　証の記号、番号及び保険者番号

十八　地方公務員等共済組合法規程第176条第2項の船員組合員証及
　　び船員組合員被扶養者証の記号、番号及び保険者番号

十九　雇用保険法施行規則（昭和50年労働省令第3号）第10条第1項
　　の雇用保険被保険者証の被保険者番号

二十　日本国との平和条約に基づき日本の国籍を離脱した者等の出入
　　国管理に関する特例法（平成3年法律第71号）第8条第1項第3号
　　の特別永住者証明書の番号

　類型Ⅱとして、旅券番号、基礎年金番号、運転免許証番号、住民票コー
ド、個人番号（マイナンバー）、国民健康保険の被保険者証番号等が指定さ
れている。

　なお、「その利用者若しくは購入者又は発行を受ける者ごとに異なるもの
となるように」（改正法第2条第2項第2号）とは、文字、番号、記号その
他の符号が利用者等によって異なるようにすることをいうものである。

　この点、被保険者証における考え方について、次のQ&Aにて示してい
る。

Q1－23　各種被保険者証の記号・番号・保険者番号は、それぞれが個
　人識別符号なのですか、それとも3つ揃うことで個人識別符号なので
　すか。

A1－23　各種被保険者証の記号・番号・保険者番号は、3つ（記号が
　ない被保険者証の場合は2つ）揃うことで特定の個人を識別すること
　ができ、個人識別符号に該当します。

金融機関に対する実務で関係し得る対象としては、例えば、犯罪による収益の移転防止に関する法律（平成19年法律第22号）上の義務として、本人確認書類として運転免許証等の提示を受ける際には、確認記録の記録事項として、「本人確認書類…記号番号」を記録する義務があり（犯罪による収益の移転防止に関する法律施行規則第20条第1項第12号・13号）、これは、個人識別符号ということになる。ただし、これらの情報は、改正前においても個人情報として取り扱っているものと考えられるため、基本的に実務への影響はないであろう。

　また、金融機関において顧客・従業員などから入手し取り扱う個人番号（マイナンバー）についても、個人識別符号として指定されているが、その取扱いについては、基本的に、番号法および特定個人情報の適正な取扱いに関するガイドラインが適用されることに留意する必要がある。

　なお、その他の個人識別符号については、個情法が適用される。したがって、個人番号（マイナンバー）以外の個人識別符号につき、個人番号（マイナンバー）並みの安全管理措置などが適用されるものではない。

ウ　民間付番番号

　他方、金融分野においては、口座番号、各カード番号、保険証券番号など、各金融機関において顧客ごとに付番している番号があるが、個人識別符号としては指定されていないため、通則GLでも特段の記載はされていない。しかし、これらの番号は、基本的には、氏名、住所などと紐付けて管理されているものと考えられ、改正前の個情法のもとでも個人情報として保護の対象に含まれていることに留意する必要がある。

　Q&Aにおいては、次のように示している。

　Q1-22　携帯電話番号やクレジットカード番号は個人識別符号に該当しますか。

　A1-22　携帯電話番号やクレジットカード番号は、様々な契約形態や運用実態があり、およそいかなる場合においても特定の個人を識別す

ることができるとは限らないこと等から、個人識別符号に位置付けて
おりません。
　なお、このような番号も、氏名等の他の情報と容易に照合すること
ができ、それにより特定の個人を識別することができることとなる場
合には、個人情報に該当します。

　当該Q&Aで示しているのは、携帯電話番号、クレジットカード番号であ
るが、金融機関で付番する口座番号などにおいてもそのまま同じ見解が当て
はまるものである。

エ　国家資格の登録番号

　政令指定の検討段階では、国家資格の登録番号についても、個人識別符号
として指定することについて議論の俎上に載っていた（平成28年4月12日
第5回個人情報保護委員会　資料2-1）。

　しかし、その後、これらの番号が事業者によって広く取り扱われている実
態がないことにかんがみて、結果的に、個人識別符号の指定の対象とはなっ
ていない（平成28年7月15日　第12回個人情報保護委員会　資料3）。

　Q&Aにおいても特段取り上げてはいないが、基本的には、Q&A1-22
の考え方が当てはまるものと考えられる。

(6)　具体的事例

ア　通話録音等

　金融分野における個人情報取扱事業者においては、顧客とのトラブル防
止、訴訟対応などの目的のもとで、顧客との通話内容を録音している場面が
あるものと思われる。

　この通話録音の個情法上の位置付けについて、次のQ&Aにて見解を示し
ている。

Q1-9　顧客との電話の通話内容は個人情報に該当しますか。また、

通話内容を録音している場合、録音している旨を相手方に伝えなければなりませんか。

A1－9　通話内容から特定の個人を識別することが可能な場合には個人情報に該当します。個人情報に該当する場合、個人情報保護法上は、利用目的を通知又は公表する義務はありますが、録音していることについて伝える義務まではありません。

また、上記のQ&A1－9を前提として、録音内容が個人情報に該当する場合において、さらに、その録音内容が「個人情報データベース等」（改正法第2条第4項）に該当するか否かが論点となる。この点、次のQ&Aにて見解を示している。なお、「個人情報データベース等」については本章5「個人情報データベース等（通則GL2－4）」参照。

Q1－39　録音した会話の内容に個人の氏名が含まれていますが、この場合、個人情報データベース等に該当しますか。

A1－39　会話の内容に氏名が含まれていても、当該氏名により容易に検索可能な状態に整理されていない限り、個人情報データベース等に該当しません。

当該Q&Aによれば、録音データが事業者内で氏名等により、容易に検索可能な状態に整理されていて、個人情報データベース等に該当するような場合には、原則として、個人データに係る規律（改正法第19条から第34条まで）に服することとなる。

他方、仮に録音対象の通話内容に個人の氏名などが含まれている場合（例えば、顧客Aが電話で、私の知人Bが云々、と話すような場合）、当該氏名などが個人データに該当することは通常はないものと考えられる。よって、このような場合に、改正法上の個人データ、保有個人データに係る規制が適用される場面は考えにくい。したがって、例えば、上記の例で、知人Bが、

顧客Aの通話内容の開示を請求したとしても、通常は、これに応える義務は発生しないものと考えられる。

イ　防犯カメラ

　一般の事業者と同様に、金融機関においても店舗に防犯目的、社員の在席確認等の目的のためにカメラを設置しているところは多いものと思われる。

　防犯カメラの画像が個人情報に該当するか否かについては、既に通則GLの「2−1　個人情報」において、「防犯カメラに記録された情報等本人が判別できる映像情報」を個人情報に該当する事例として示している。加えて、さらに次のQ＆Aにて、個情法全般の留意点について見解を示している。

Q1−11　店舗に防犯カメラを設置し、撮影した顔画像やそこから得られた顔認証データを防犯目的で利用することを考えています。個人情報保護法との関係で、どのような措置を講ずる必要がありますか。

A1−11　本人を判別可能なカメラ画像やそこから得られた顔認証データを取り扱う場合、個人情報の利用目的をできる限り特定し、当該利用目的の範囲内でカメラ画像や顔認証データを利用しなければなりません。本人を判別可能なカメラ画像を撮影録画する場合は、個人情報の取得となりますので、個人情報の利用目的をあらかじめ公表しておくか、又は個人情報の取得後速やかに本人に通知若しくは公表することが必要です。

　防犯カメラにより、防犯目的のみのために撮影する場合、「取得の状況からみて利用目的が明らか」（法第18条第4項第4号）であることから、利用目的の通知・公表は不要と解されますが、防犯カメラが作動中であることを店舗の入口に掲示する等、本人に対して自身の個人情報が取得されていることを認識させるための措置を講ずることが望ましいと考えられます。

　また、カメラ画像や顔認証データを体系的に構成して個人情報デー

> タベース等を構築した場合、個々のカメラ画像や顔認証データを含む
> 情報は個人データに該当するため、個人情報保護法に基づく適切な取
> 扱いが必要です。

　なお、必ずしも、金融機関の実務と直結するものではないが、近時、被害
が深刻化している小売業者の万引による被害の防止目的のための防犯カメラ
の利用の在り方について議論を呼んでいる。金融機関においても、世間のプ
ライバシー感覚に配慮した運用が望まれる。

　上記のQ&A1－11に加えて、近時、カメラ画像の商業利用について検討
されていることを踏まえて、Q&A1－12、1－13を示しているので参考に
していただきたい。

Q1－12　店舗にカメラを設置し、撮影した顔画像やそこから得られた
　顔認証データをマーケティング等の商業目的に利用することを考えて
　います。個人情報保護法との関係で、どのような措置を講ずる必要が
　ありますか。

A1－12　本人を判別可能なカメラ画像やそこから得られた顔認証デー
　タを取り扱う場合、個人情報の利用目的をできる限り特定し、あらか
　じめ公表するか、又は個人情報の取得後速やかに本人に通知若しくは
　公表するとともに、当該利用目的の範囲内でカメラ画像や顔認証デー
　タを利用しなければなりません。

　　なお、防犯目的のみのために取得したカメラ画像やそこから得られ
　た顔認証データについて、他の目的に利用しようとする場合、本人の
　同意を得る必要があります。

Q1－13　カメラ画像から抽出した性別や年齢といった属性情報や、人
　物を全身のシルエット画像に置き換えて作成した移動軌跡データ（人
　流データ）は、個人情報に該当しますか。

A1-13　個人情報とは、特定の個人を識別することができる情報をいいます。性別、年齢、又は全身のシルエット画像等による移動軌跡データのみであれば、抽出元の本人を判別可能なカメラ画像や個人識別符号等本人を識別することができる情報と容易に照合することができる場合を除き、個人情報には該当しません。

4　要配慮個人情報
（改正法第2条第3項、第17条第2項、第23条第2項）

法第2条

3　この法律において「要配慮個人情報」とは、本人の人種、信条、社会的身分、病歴、犯罪の経歴、犯罪により害を被った事実その他本人に対する不当な差別、偏見その他の不利益が生じないようにその取扱いに特に配慮を要するものとして政令で定める記述等が含まれる個人情報をいう。

政令第2条　法第2条第3項の政令で定める記述等は、次に掲げる事項のいずれかを内容とする記述等（本人の病歴又は犯罪の経歴に該当するものを除く。）とする。
　一　身体障害、知的障害、精神障害（発達障害を含む。）その他の個人情報保護委員会規則で定める心身の機能の障害があること。
　二　本人に対して医師その他医療に関連する職務に従事する者（次号において「医師等」という。）により行われた疾病の予防及び早期発見のための健康診断その他の検査（同号において「健康診断等」という。）の結果

三　健康診断等の結果に基づき、又は疾病、負傷その他の心身の変化を理由として、本人に対して医師等により心身の状態の改善のための指導又は診療若しくは調剤が行われたこと。

四　本人を被疑者又は被告人として、逮捕、捜索、差押え、勾留、公訴の提起その他の刑事事件に関する手続が行われたこと。

五　本人を少年法（昭和23年法律第168号）第3条第1項に規定する少年又はその疑いのある者として、調査、観護の措置、審判、保護処分その他の少年の保護事件に関する手続が行われたこと。

規則第5条　令第2条第1号の個人情報保護委員会規則で定める心身の機能の障害は、次に掲げる障害とする。

一　身体障害者福祉法（昭和24年法律第283号）別表に掲げる身体上の障害

二　知的障害者福祉法（昭和35年法律第37号）にいう知的障害

三　精神保健及び精神障害者福祉に関する法律（昭和25年法律第123号）にいう精神障害（発達障害者支援法（平成16年法律第167号）第2条第2項に規定する発達障害を含み、前号に掲げるものを除く。）

四　治療方法が確立していない疾病その他の特殊の疾病であって障害者の日常生活及び社会生活を総合的に支援するための法律（平成17年法律第123号）第4条第1項の政令で定めるものによる障害の程度が同項の厚生労働大臣が定める程度であるもの

（1）　範　　囲

改正法では、本人の人種、信条、社会的身分、病歴、犯罪の経歴、犯罪により害を被った事実その他本人に対する不当な差別、偏見その他の不利益が生じないようにその取扱いに特に配慮を要する記述等が含まれる個人情報を

「要配慮個人情報」と新たに規定している（改正法第2条第3項）。そして、その取得については本人同意を原則とし（改正法第17条第2項）、また、オプトアウト手続による第三者提供を禁止する（改正法第23条第2項）など、一般の個人情報に比して厳格な義務を課している。

　この要配慮個人情報の範囲は、改正法で規定されている情報に加えて、政令・規則で定める情報（「その他…政令で定める記述等」）によって構成されている。

　まず、改正法においては、次の事項を要配慮個人情報として規定している。

　人種、信条、社会的身分、病歴、犯罪の経歴、犯罪により害を被った事実

　加えて、次の「ア」「イ」の事項を政令・規則で規定している。

ア　「病歴」に準じるもの（政令第2条第1号〜第3号、規則第5条）

　政令では、「病歴」に準じるものとして、次の事項を規定している。

　(ア)　身体障害、知的障害、精神障害（発達障害を含む。）その他の個人情報保護委員会規則で定める心身の機能の障害があること

　(イ)　本人に対して医師その他医療に関連する職務に従事する者により行われた疾病の予防及び早期発見のための健康診断その他の検査の結果

　(ウ)　健康診断その他の検査の結果に基づき、又は疾病、負傷その他の心身の変化を理由として、本人に対して医師その他医療に関連する職務に従事する者により心身の状態の改善のための指導又は診療若しくは調剤が行われたこと

　このうち、(ア)の心身の機能の障害については、規則にて、次の内容が規定されている。

> 「身体障害者福祉法別表に掲げる身体上の障害」
> 「知的障害者福祉法にいう知的障害」
> 「精神保健及び精神障害者福祉に関する法律にいう精神障害」
> 「治療方法が確立していない疾病その他の特殊の疾病であって障害者の日常生活及び社会生活を総合的に支援するための法律第4条第1項の政令で定めるものによる障害の程度が同項の厚生労働大臣が定める程度であるもの」

　なお、ゲノム情報については、遺伝子検査を実施する者は「医師その他医療に関連する職務に従事する者」に含まれ、その結果は「健康診断その他の検査の結果」や「診療」に含まれることから、要配慮個人情報に該当し得る。

イ　「犯罪の経歴」に準じるもの（政令第2条第4号・第5号）

　政令では、「犯罪の経歴」に準じるものとして、次の内容が要配慮個人情報として指定されている。

> (ア)　本人を被疑者又は被告人として、逮捕、捜索、差押え、勾留、公訴の提起その他の刑事事件に関する手続が行われたこと
> (イ)　本人を少年法第3条第1項に規定する少年又はその疑いのある者として、調査、観護の措置、審判、保護処分その他の少年の保護事件に関する手続が行われたこと

　なお、政令において、「本人の病歴又は犯罪の経歴に該当するものを除く」との文言がある。これは、法律で規定される事項と、政令で規定される事項のうち重複するものを除く趣旨である。すなわち、上記のように、政令では、「病歴」および「犯罪の経歴」にそれぞれ準じる内容が規定されているものであり、性質上重なり合うものであるが、上記の文言により重複が回避

されている。

(2) 各要配慮個人情報の具体的内容

ア 人　　種

人種、世系または民族的もしくは種族的出身を広く意味する。なお、単純な国籍や「外国人」という情報は法的地位であり、それだけでは人種には含まない。また、肌の色は、人種を推知させる情報にすぎないため、人種には含まない。

イ 信　　条

個人の基本的なものの見方、考え方を意味し、思想と信仰の双方を含むものである。

ウ 社会的身分

ある個人にその境遇として固着していて、一生の間、自らの力によって容易にそれから脱し得ないような地位を意味し、単なる職業的地位や学歴は含まない。

エ 病歴など

(ア)「病歴」

病気に罹患した経歴を意味するもので、特定の病歴を示した部分（例：特定の個人ががんに罹患している、統合失調症を患っている等）が該当する。

(イ) 身体障害、知的障害、精神障害などの心身の機能の障害があること（政令第2条第1号関係）

次の①から④までに掲げる情報をいう。このほか、当該障害があることまたは過去にあったことを特定させる情報（例：障害者の日常生活及び社会生活を総合的に支援するための法律（平成17年法律第123号）に基づく障害福祉サービスを受けていることまたは過去に受けていたこと）も該当する。

① 「身体障害者福祉法（昭和24年法律第283号）別表に掲げる身体上の障害」があることを特定させる情報

・医師または身体障害者更生相談所により、別表に掲げる身体上の障害が

あることを診断または判定されたこと（別表上の障害の名称や程度に関する情報を含む）

・都道府県知事、指定都市の長または中核市の長から身体障害者手帳の交付を受けならびに所持していることまたは過去に所持していたこと（別表上の障害の名称や程度に関する情報を含む）

・本人の外見上明らかに別表に掲げる身体上の障害があること

② 「知的障害者福祉法（昭和35年法律第37号）にいう知的障害」があることを特定させる情報

・医師、児童相談所、知的障害者更生相談所、精神保健福祉センター、障害者職業センターにより、知的障害があると診断または判定されたこと（障害の程度に関する情報を含む）

・都道府県知事または指定都市の長から療育手帳の交付を受けならびに所持していることまたは過去に所持していたこと（障害の程度に関する情報を含む）

③ 「精神保健及び精神障害者福祉に関する法律（昭和25年法律第123号）にいう精神障害（発達障害者支援法（平成16年法律第167号）第2条第2項に規定する発達障害を含み、知的障害者福祉法にいう知的障害を除く。）」があることを特定させる情報

・医師または精神保健福祉センターにより精神障害や発達障害があると診断または判定されたこと（障害の程度に関する情報を含む）

・都道府県知事または指定都市の長から精神障害者保健福祉手帳の交付を受けならびに所持していることまたは過去に所持していたこと（障害の程度に関する情報を含む）

④ 「治療方法が確立していない疾病その他の特殊の疾病であって障害者の日常生活及び社会生活を総合的に支援するための法律第4条第1項の政令で定めるものによる障害の程度が同項の厚生労働大臣が定める程度であるもの」があることを特定させる情報

・医師により、厚生労働大臣が定める特殊の疾病による障害により継続的

に日常生活または社会生活に相当な制限を受けていると診断されたこと
（疾病の名称や程度に関する情報を含む）

㋑　本人に対して医師その他医療に関連する職務に従事する者（「医師
等」）により行われた疾病の予防および早期発見のための健康診断その
他の検査（「健康診断等」）の結果（政令第２条第２号関係）

　疾病の予防や早期発見を目的として行われた健康診査、健康診断、特定
健康診査、健康測定、ストレスチェック、遺伝子検査（診療の過程で行わ
れたものを除く）等、受診者本人の健康状態が判明する検査の結果が該当
する。

　具体的な事例としては、労働安全衛生法（昭和47年法律第57号）に基づ
いて行われた健康診断の結果、同法に基づいて行われたストレスチェック
の結果、高齢者の医療の確保に関する法律（昭和57年法律第80号）に基づ
いて行われた特定健康診査の結果などが該当する。また、法律に定められ
た健康診査の結果等に限定されるものではなく、人間ドックなど保険者や
事業主が任意で実施または助成する検査の結果も該当する。さらに、医療
機関を介さないで行われた遺伝子検査により得られた本人の遺伝型とその
遺伝型の疾患へのかかりやすさに該当する結果等も含まれる。なお、健康
診断等を受診したという事実は該当しない。

　なお、身長、体重、血圧、脈拍、体温等の個人の健康に関する情報を、
健康診断、診療等の事業およびそれに関する業務とは関係ない方法により
知り得た場合は該当しない。

㋒　健康診断等の結果に基づき、または疾病、負傷その他の心身の変化を
理由として、本人に対して医師等により心身の状態の改善のための指導
または診療もしくは調剤が行われたこと（政令第２条第３号関係）

①　保健指導等

　「健康診断等の結果に基づき、本人に対して医師等により心身の状態の
改善のための指導が行われたこと」とは、健康診断等の結果、特に健康の
保持に努める必要がある者に対し、医師または保健師が行う保健指導等の

内容が該当する。

　指導が行われたことの具体的な事例としては、労働安全衛生法に基づき医師または保健師により行われた保健指導の内容、同法に基づき医師により行われた面接指導の内容、高齢者の医療の確保に関する法律に基づき医師、保健師、管理栄養士により行われた特定保健指導の内容等が該当する。

　また、法律に定められた保健指導の内容に限定されるものではなく、保険者や事業主が任意で実施または助成により受診した保健指導の内容も該当する。なお、保健指導等を受けたという事実も該当する。

② 　診療情報、調剤情報等

　「健康診断等の結果に基づき、又は疾病、負傷その他の心身の変化を理由として、本人に対して医師等により診療が行われたこと」とは、病院、診療所、その他の医療を提供する施設において診療の過程で、患者の身体の状況、病状、治療状況等について、医師、歯科医師、薬剤師、看護師その他の医療従事者が知り得た情報すべてを指し、例えば、診療記録等がこれに該当する。また、病院等を受診したという事実も該当する。

　「健康診断等の結果に基づき、又は疾病、負傷その他の心身の変化を理由として、本人に対して医師等により調剤が行われたこと」とは、病院、診療所、薬局、その他の医療を提供する施設において調剤の過程で患者の身体の状況、病状、治療状況等について、薬剤師（医師または歯科医師が自己の処方箋により自ら調剤する場合を含む）が知り得た情報すべてを指し、調剤録、薬剤服用歴、お薬手帳に記載された情報等が該当する。また、薬局等で調剤を受けたという事実も該当する。

　なお、身長、体重、血圧、脈拍、体温等の個人の健康に関する情報を、健康診断、診療等の事業およびそれに関する業務とは関係のない方法により知り得た場合は該当しない。

オ　犯罪の経歴など

㈎　「犯罪の経歴」

前科、すなわち有罪の判決を受けこれが確定した事実が該当する。

Ｑ１－27　受刑の経歴は、要配慮個人情報に該当しますか。

Ａ１－27　受刑の経歴は、「有罪の判決を受けてこれが確定したこと」に係る事実に当たるため、要配慮個人情報に該当します。

㈏　本人を被疑者または被告人として、逮捕、捜索、差押え、勾留、公訴の提起その他の刑事事件に関する手続が行われたこと（政令第２条第４号関係）

本人を被疑者または被告人として刑事事件に関する手続が行われたという事実が該当する。他人を被疑者とする犯罪捜査のために取調べを受けた事実や、証人として尋問を受けた事実に関する情報は、本人を被疑者または被告人としていないことから、これには該当しない。

㈐　本人を少年法（昭和23年法律第168号）第３条第１項に規定する少年またはその疑いのある者として、調査、観護の措置、審判、保護処分その他の少年の保護事件に関する手続が行われたこと（政令第２条第５号関係）

本人を非行少年またはその疑いのある者として、保護処分等の少年の保護事件に関する手続が行われたという事実が該当する。

Ｑ１－28　ある人の犯罪行為を撮影した防犯カメラ映像は、要配慮個人情報に該当しますか。

Ａ１－28　単に防犯カメラの映像等で、犯罪行為が疑われる映像が映ったのみでは、犯罪の経歴にも刑事事件に関する手続が行われたことにも当たらないため、要配慮個人情報に該当しません。

Ｑ１−２９　外国政府により刑事事件に関する手続を受けた事実は、要配慮個人情報に該当しますか。

Ａ１−２９　外国政府により、本人を被疑者又は被告人として刑事手続が行われた事実は、施行令第２条第４号に該当し、要配慮個人情報に該当します。

Ｑ１−３０　無罪判決を受けた事実は、要配慮個人情報に該当しますか。

Ａ１−３０　無罪判決を受けた事実は、それまで犯罪の嫌疑を受けて逮捕、取調べ、勾留、公訴提起等をされたことを示すため、本人を被疑者又は被告人として刑事事件に関する手続を受けた場合に含まれ、要配慮個人情報に該当します。

Ｑ１−３１　不起訴処分となった場合は、「刑事事件に関する手続」として要配慮個人情報に該当しますか。

Ａ１−３１　施行令で定める「刑事事件に関する手続」の範囲には、被疑者又は被告人の立場で刑事事件に関して刑事訴訟法に基づく一切の手続を受けた事実を含んでおり、具体的には、刑事訴訟法に基づく逮捕、捜索、差押え、勾留、公訴の提起のほか、不起訴、不送致、微罪処分等も該当します。

カ　犯罪により害を被った事実

　身体的被害、精神的被害および金銭的被害の別を問わず、犯罪の被害を受けた事実を意味する。具体的には、刑罰法令に規定される構成要件に該当し得る行為のうち、刑事事件に関する手続に着手されたものに限定される。

（3）　推知情報

　推知情報のみでは要配慮個人情報には該当しない旨を記載している。例えば、宗教に関する書籍の購買や貸出に係る情報といったものは「信条」その

ものということではなく、「信条」を推知させる情報にすぎないものということで、要配慮個人情報には含まない。

> **通則GL**
>
> **２－３　要配慮個人情報（法第２条第３項関係）**
>
> （略）
>
> …次に掲げる情報（要配慮個人情報（筆者注））を推知させる情報にすぎないもの（例：宗教に関する書籍の購買や貸出しに係る情報等）は、要配慮個人情報には含まない。

　そのほかにも、金融機関の実務上、病歴に係る情報については、親族を含む第三者からの伝聞情報として聞くこともあり得るものと思われるが（例：Aから「Bの父Cは○○病らしい」と聞く）、そのように真偽が不明な伝聞情報についても、同様に、当該情報のみでは要配慮個人情報には該当しないと解されている。

　これに関連して、Q&Aにおいては、さらに次のように示している。

> **Ｑ３－９**　取引の過程で、相手方企業の代表者等に前科があることが判明した場合、当該代表者等の同意を得る必要がありますか。
>
> **Ａ３－９**　犯罪の経歴（有罪の判決を受けこれが確定した事実）は要配慮個人情報に該当します。取引の過程で前科があることが判明した場合、当該情報が推知情報にとどまる場合は、要配慮個人情報には該当しないため、取得に際してあらかじめ本人の同意を得る必要はありません。
>
> （略）

　したがって、推知情報を業務の用に供する場合には、そもそも「取得」行為の該当性を検討するまでもなく、要配慮個人情報に該当しないこととなる

ことから、金融機関においては、推知情報を社内の記録などに転記などすることについては、改正法第17条第2項に係る規制は適用されないこととなる。

仮に、推知にとどまらず、確定的な情報を取得する場合の考え方については、本章4(6)ア「第2号」参照。また、このような情報を報道ニュースで取得することも実務上多いものと思われるが、この場合の考え方については、本章4(6)イ「第5号」参照。

(4) 本人の同意（通則GL3－2－2）

法第17条

2 個人情報取扱事業者は、次に掲げる場合を除くほか、あらかじめ本人の同意を得ないで、要配慮個人情報を取得してはならない。

一～六 （略）

上記のとおり、要配慮個人情報に該当する場合には、その取得については本人同意を原則としている。

なお、改正法の全面施行日前に取得した要配慮個人情報（に相当する情報）を、施行日後に取り扱う場合においては、基本的に、改めて本人から同意を取り直す必要はない。しかし、要配慮個人情報を第三者提供する際は、改正法第23条第2項に基づくオプトアウトは禁止されているため、その点は留意が必要である。

Q3－6 平成27年改正の施行（平成29年5月30日）前に取得した個人情報であって、施行後に要配慮個人情報に該当することとなり、当該情報について、新たに第三者提供をする場合には本人同意を得る必要がありますか

A3－6 個人データの第三者提供については、要配慮個人情報に係るものか否かを問わず、原則として本人の同意が必要です。

なお、平成27年改正の施行後に要配慮個人情報に該当することと
なった場合、施行後はオプトアウトによる第三者提供は認められませ
んので、注意が必要です。

　改正前の個情法では、一般に個人情報の「取得」について本人同意を求め
る規定はなかった。
　この点、取得に係る「本人の同意」の考え方について、通則GL上で明記
している。例えば、個人情報取扱事業者が要配慮個人情報を書面または口頭
等により本人から適正に直接取得する場合は、別途同意書等を受け入れるこ
とがなくても、本人が当該情報を提供したことをもって、当該個人情報取扱
事業者が当該情報を取得することについて本人の同意があったものと解され
る旨を記載している。

通則GL
３－２－２　要配慮個人情報の取得（法第17条第２項関係）
（略）
（※２）　（略）個人情報取扱事業者が要配慮個人情報を書面又は口頭等
　　　　により本人から適正に直接取得する場合は、本人が当該情報を提
　　　　供したことをもって、当該個人情報取扱事業者が当該情報を取得
　　　　することについて本人の同意があったものと解される。（略）

　また、個人情報取扱事業者が要配慮個人情報を第三者提供の方法により取
得した場合、提供元が改正法第17条第２項および第23条第１項に基づいて本
人から必要な同意（要配慮個人情報の取得および第三者提供に関する同意）
を取得していることが前提となるため、提供を受けた当該個人情報取扱事業
者が、改めて本人から改正法第17条第２項に基づく同意を得る必要はないも
のと解されるとしている。

　上記の考え方は、「本人」の家族、代理人、使者などから当該本人の要配慮個人情報を取得する場合も同様と考えられる。金融機関においては、適合性確認の観点から、顧客またはその家族から要配慮個人情報を取得するケースがある。その場合、その提供者と本人との関係性をもって、当該事業者が当該要配慮個人情報を取得することについて本人の同意があるものと整理することができるものと考えられる。

　では、そもそも、本人について、同意をするだけの判断能力を有しない場合はどうであろうか。その点について、次のQ&Aを示している。

Q1－33　要配慮個人情報を取得する際に、その本人が、同意したことによって生ずる結果について十分な判断能力を有しない障害者であるような場合には、どのように対応すればよいですか。

A1－33　障害者本人に十分な判断能力がなく、成年後見人等の法定代理人が選任されている場合には、法定代理人から同意を得る必要があります。成年後見人等の法定代理人が選任されていない場合で、例えば、障害福祉サービス事業所が成年後見人等の法定代理人が選任されていない障害者に障害福祉サービスを提供するために、必要な範囲で

要配慮個人情報の提供を受けるときは、法第17条第2項第2号「人の生命、身体又は財産の保護のために必要がある場合であって、本人の同意を得ることが困難であるとき」に該当すると解されるため、あらかじめ本人の同意を得ることなく、障害者の親族等から要配慮個人情報を取得することができると考えられます。

　従前より金融機関の実務においては、高齢の顧客を取引の相手方とする場合に、金融取引を行うに十分な判断能力を有するか否かを確認することはきわめて重要な運用である。上記のQ＆Aにより、これまでの運用が阻害されるものではないことを明確にしている。

(5)　「取得」

　前述のとおり、要配慮個人情報の「取得」にあたっては、本人同意を得ることが原則となる。この「取得」の考え方について、次のQ＆Aを示している。

Q3－7　①郵便物の誤配など、事業者が求めていない要配慮個人情報が送られてきたことにより要配慮個人情報を手にすることとなった場合や、②要配慮個人情報を含む情報がインターネット等により公にされている場合であって単にこれを閲覧した場合であっても、事業者は要配慮個人情報の取得について本人の同意を得る必要がありますか。

A3－7　①郵便物の誤配など、事業者が求めていない要配慮個人情報が送られてきた場合であっても、事業者（受領側）に提供を「受ける」行為がないときは、要配慮個人情報を取得しているとは解釈されません。すなわち、事業者が手にすることとなった要配慮個人情報を直ちに返送したり、廃棄したりするなど、提供を「受ける」行為がないといえる場合には、要配慮個人情報を取得しているとは解釈されません。

　また、②要配慮個人情報を含む情報がインターネット等により公に

されている場合であって、単にこれを閲覧するにすぎず、転記等を行わない場合は、要配慮個人情報を取得しているとは解釈されません。

このように、一方的に送られる場合や閲覧するだけの場合においては「取得」に該当しない旨が明確にされている。この考え方については、改正法第26条における、"個人データの第三者提供を受ける行為"についても同様の考え方のもとで整理されている。

⑹　例外（改正法第17条第2項各号）（通則GL 3 - 2 - 2）

法第17条

2　個人情報取扱事業者は、次に掲げる場合を除くほか、あらかじめ本人の同意を得ないで、要配慮個人情報を取得してはならない。

一　法令に基づく場合

二　人の生命、身体又は財産の保護のために必要がある場合であって、本人の同意を得ることが困難であるとき。

三　公衆衛生の向上又は児童の健全な育成の推進のために特に必要がある場合であって、本人の同意を得ることが困難であるとき。

四　国の機関若しくは地方公共団体又はその委託を受けた者が法令の定める事務を遂行することに対して協力する必要がある場合であって、本人の同意を得ることにより当該事務の遂行に支障を及ぼすおそれがあるとき。

五　当該要配慮個人情報が、本人、国の機関、地方公共団体、第76条第1項各号に掲げる者その他個人情報保護委員会規則で定める者により公開されている場合

六　その他前各号に掲げる場合に準ずるものとして政令で定める場合

要配慮個人情報を例外的に本人の同意なしに取得することができる場合が

改正法第17条第２項第１号から第６号までに規定されている。

　このうち、改正法第17条第２項第１号から第４号までは、基本的に、改正法第23条第１項各号と実質的に同様の規定となっている。これにより、改正前の個情法において、第23条第１項各号により第三者提供をしていたものは、改正法の全面施行日後も、受領者側も受け入れることが可能となっている（図表２−３参照）。

図表２−３　改正法第23条第１項各号と改正法第17条第２項各号の関係

> 提供者が、改正法第23条第１項第１号〜第４号に基づいて、
> 個人データを構成する要配慮個人情報を第三者提供する場合

> 受領者は、改正法第17条第２項第１号〜第４号に基づいて、
> 当該要配慮個人情報を取得することが可能

（出所）　筆者作成

　これらの例外事項のうち、金融分野の個人情報取扱事業者の実務との関係では、改正法第17条第２項第２号、第５号、第６号が特に重要である。

ア　第２号

　改正法第17条第２項第２号により、個人情報取扱事業者は、「人（法人を含む。）の生命、身体又は財産といった具体的な権利利益の保護が必要であり、かつ、本人の同意を得ることが困難である場合」は、あらかじめ本人の同意を得ることなく、要配慮個人情報を取得することができる。

　具体的なケースとしては、「事業者間において、不正対策等のために、暴力団等の反社会的勢力情報、意図的に業務妨害を行う者の情報のうち、過去に業務妨害罪で逮捕された事実等の情報について共有する場合」「不正送金等の金融犯罪被害の事実に関する情報を、関連する犯罪被害の防止のために、他の事業者から取得する場合」などがあり得る。

前述したとおり、例えば取引の相手方に前科等がある噂を聞いた場合であっても、噂は要配慮個人情報には該当しないため、そもそも改正法第17条第2項自体が適用されない。これに対し、仮に、「確定情報」として取得をした場合の整理については、次のQ＆Aで示すとおりとなる。

Q3－9　取引の過程で、相手方企業の代表者等に前科があることが判明した場合、当該代表者等の同意を得る必要がありますか。

A3－9　犯罪の経歴（有罪の判決を受けこれが確定した事実）は要配慮個人情報に該当します。取引の過程で前科があることが判明した場合、当該情報が推知情報にとどまる場合は、要配慮個人情報には該当しないため、取得に際してあらかじめ本人の同意を得る必要はありません。

　一方で、当該情報が確定情報である場合は、要配慮個人情報に該当するため、原則として、取得に際してあらかじめ本人の同意を得る必要があります。ただし、個別の事例ごとに判断することとなりますが、例えば、当該情報の取得が、「法令に基づく場合」（法第17条第2項第1号）、「人の生命、身体又は財産の保護のために必要がある場合であって、本人の同意を得ることが困難であるとき」（法第17条第2項第2号）等に該当する場合や、本人や報道機関等により公開されている場合（法第17条第2項第5号）は、取得に際してあらかじめ本人の同意を得る必要はありません。

イ　第5号

㈠　概　　要

　改正法第17条第2項第5号においては、要配慮個人情報が本人、国の機関、地方公共団体、第76条第1項各号に掲げる者（報道機関、著述を業として行う者、学術研究を目的とする機関、宗教団体または政治団体）およびその他規則で定める者により公開されている場合には、当該要配慮個人情報を

本人の同意なく取得することができることとしている。

　規則第 6 条では「外国政府、外国の政府機関、外国の地方公共団体又は国際機関」（第 1 号）、「外国において、報道機関、著述を業として行う者、学術研究を目的とする機関、宗教団体または政治団体に相当する者」（第 2 号）を規定している。第 2 号の「報道機関」などの内容については、後述(イ)「報道機関による報道など」を参照。

規則第 6 条　法第17条第 2 項第 5 号の個人情報保護委員会規則で定める者は、次の各号のいずれかに該当する者とする。
　一　外国政府、外国の政府機関、外国の地方公共団体又は国際機関
　二　外国において法第76条第 1 項各号に掲げる者に相当する者

(イ)　報道機関による報道など

　前述したとおり、改正法第76条第 1 項各号に掲げる者（外国においてこれらに相当する者を含む）により公開された要配慮個人情報については、本人の同意なく取得することができるものとされている。

　ここで準用されている改正法第76条においては、次のように規定されている。

法第76条　個人情報取扱事業者等のうち次の各号に掲げる者については、その個人情報等を取り扱う目的の全部又は一部がそれぞれ当該各号に規定する目的であるときは、第 4 章の規定は、適用しない。
　一　放送機関、新聞社、通信社その他の報道機関（報道を業として行う個人を含む。）　報道の用に供する目的
　二　著述を業として行う者　著述の用に供する目的
　三　大学その他の学術研究を目的とする機関若しくは団体又はそれらに属する者　学術研究の用に供する目的
　四　宗教団体　宗教活動（これに付随する活動を含む。）の用に供する目的

五　政治団体　政治活動（これに付随する活動を含む。）の用に供す
　　　る目的
　2　前項第1号に規定する「報道」とは、不特定かつ多数の者に対して
　　客観的事実を事実として知らせること（これに基づいて意見又は見解
　　を述べることを含む。）をいう。
　3　（略）

　改正法第76条は、憲法が保障する基本的人権への配慮から、報道機関、政治団体、宗教団体などについては、改正法第4章に定める個人情報取扱事業者の義務等に係る規定は適用されない旨を規定している。したがって、報道機関などは改正法第17条第2項にかかわらず要配慮個人情報を本人の同意なく取得できることとなる。図表2－4における「取得①」である。

　他方、仮に、報道機関などにより公開された要配慮個人情報を取得する際にも原則本人同意が必要とすると、基本的人権に配慮した改正法第76条の趣旨を損なうことから、改正法第17条第2項第5号により、報道機関等が公開した要配慮個人情報は、本人の同意なく取得ができるとしたものである。図表2－4における「取得②」である。なお、ここでいう「公開」とは、自らがその意思にかからしめて一定のものを他人の知ることができる状態に置くことを指す。

図表2－4　報道機関などに対する要配慮個人情報規制

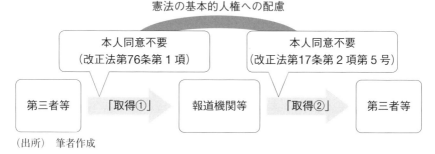

（出所）　筆者作成

金融機関などにおいては、報道機関による報道ニュースなどについては実務上、情報の取得源として重要なものと考えられる。

　ここでいう「報道」とは、新聞、ラジオ、テレビ等を通じて社会の出来事などを広く知らせることをいう。また、「報道機関」とは、報道を目的とする施設、組織体をいう。報道を業とするフリージャーナリストのような個人もこの「報道機関」の概念に含まれることが明確にされている（「報道機関（報道を業として行う個人を含む。）」（改正法第76条第1項第1号））。

　（ウ）　実務における取扱い

　実務では、反社会的勢力対応その他の企業防衛の目的で、相手方のバックグラウンドとして、「犯罪の経歴」その他周辺の情報に接することがあるものと思われる。この運用と要配慮個人情報規制との関係においては、これまで複数の箇所において説明してきたが、全体を整理すると図表2－5のとおりとなる。

図表2－5　取引の相手方の犯罪の経歴などに接する場合の法的整理

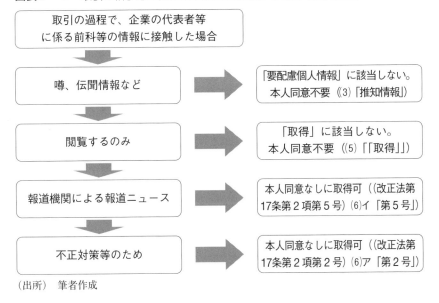

（出所）　筆者作成

ウ　第 6 号

法第17条

2　個人情報取扱事業者は、次に掲げる場合を除くほか、あらかじめ本
　　人の同意を得ないで、要配慮個人情報を取得してはならない。

　　一～五　（略）

　　六　その他前各号に掲げる場合に準ずるものとして政令で定める場合

政令第 7 条　法第17条第 2 項第 6 号の政令で定める場合は、次に掲げる
　　場合とする。

　　一　本人を目視し、又は撮影することにより、その外形上明らかな要
　　　配慮個人情報を取得する場合

　　二　法第23条第 5 項各号に掲げる場合において、個人データである要
　　　配慮個人情報の提供を受けるとき。

⑺　政令第 7 条第 1 号

　改正法第17条第 2 項第 6 号および政令第 7 条第 1 号により、本人の意思に
かかわらず、本人の外形上の特徴により、要配慮個人情報に含まれる事項
（例：身体障害等）が明らかであるときは、あらかじめ本人の同意を得るこ
となく、当該要配慮個人情報を取得することができる。例えば、身体の不自
由な方が店舗に来店し、対応した店員がその旨をお客様対応録等に記録した
場合（目視による取得）や、身体の不自由な方の様子が店舗に設置された防
犯カメラに映りこんだ場合（撮影による取得）などが該当する。

　ただし、この場合であっても、当該情報を利用する場合には原則として利
用目的を本人に通知または公表した上で、当該利用目的の範囲内で利用する
必要がある（本章 3 ⑹イ「防犯カメラ」も参照）。また、要配慮個人情報で
ある個人データを第三者に提供する場合には原則として本人の同意を得る必
要がある点に留意する必要がある。

そのほかにも、金融機関の実務において、特に高齢の顧客を相手とする場合、その言動などから判断能力や記憶力に衰えが見られないかに注意を払っているものと思われる。顧客本人から自身の症状について申告がある場合においては、「同意」があるものと解釈することができるが、必ずしもそのような申告があることが期待できるものではなく、言動・素振りから様々に判断しているのが現状である。

　このような場合における、要配慮個人情報規制との関係について、次のQ＆Aで考え方を示している。

　Q３−８　本人の話し方や振る舞いから要配慮個人情報を取得した場合も、外形上明らかな要配慮個人情報を取得する場合に該当しますか。

　A３−８　本人の素振りから外形上、障害や疾患が明らかであれば、要配慮個人情報の取得の例外に該当する場合があるものと考えられます。なお、障害や疾患の内容にもよりますが、いずれの場合においても、障害や疾患の事情が推知されるにすぎない場合は、そもそも要配慮個人情報に該当しません。

（イ）　政令第７条第２号

　政令第７条第２号においては、改正法第23条第５項との整合性から「委託、事業承継又は共同利用に伴って個人データである要配慮個人情報の提供を受けるとき」を規定している。

　すなわち、提供者側が個人データを構成する要配慮個人情報を委託などにより提供する場合は、受領者は、政令第７条第２号を根拠として、当該要配慮個人情報を本人の同意なく、取得できることとなる（図表２−６参照）。

　なお、政令第７条第２号の文言上、「個人データである」という限定がついているが、これはあくまで改正法第23条第５項の規定を意識した文言としているものにすぎず、個人データに該当しない要配慮個人情報を委託などにより取得することを否定しているものではないことに留意する必要がある。

図表2-6　委託などに伴う要配慮個人情報の授受

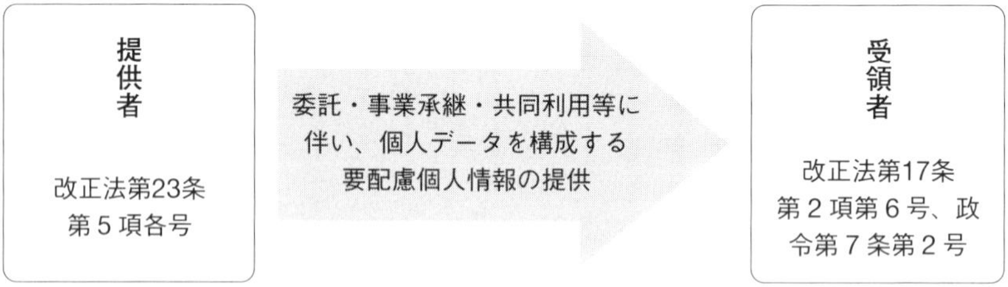

（出所）　筆者作成

政令の意見募集手続における回答（平成28年10月5日）No359が参考となる。

「個人情報の保護に関する法律施行令の一部を改正する政令（案）」及び「個人情報の保護に関する法律施行規則（案）」に関する意見募集結果

【No359で示された考え方】

　本施行令案第7条第2号は、改正後の法第17条第2項と第23条第5項各号との間で整合性を図るために定められたものであり、委託や承継の場面において、本施行令案第7条第2号以外の取得を否定する趣旨ではありません。

　仮に、委託元における利用目的の達成に必要な範囲で、個人データには該当しない要配慮個人情報の取扱いの委託が行われる際に、当該利用目的が改正後の法第17条第2項各号に該当するものである場合には、委託先での取扱いも同号に基づくものか否かで判断されます。また、仮に委託元が当該要配慮個人情報を同意に基づき取得している場合には、当該同意が委託先による取扱いをも含んでいると評価できるか否かで判断されます。

---

(7) 取得・提供規制に違反した場合の規律

仮に、改正法第17条第2項に違反して、法定の例外事由に該当することなく、要配慮個人情報を取得した場合、利用停止または消去の請求の対象となり得る（改正法第30条第1項）。

> **法第30条**　本人は、個人情報取扱事業者に対し、当該本人が識別される保有個人データが第16条の規定に違反して取り扱われているとき又は第17条の規定に違反して取得されたものであるときは、当該保有個人データの利用の停止又は消去（以下この条において「利用停止等」という。）を請求することができる。
> （略）

また、改正法第23条第2項の規定に違反して、要配慮個人情報をオプトアウトにより第三者提供を行った場合には、提供停止の請求の対象となり得る（改正法第30条第3項）。この点、改正法第30条第3項の要件は、文言上「…第23条第1項又は第24条の規定に違反して…」となっているが、要配慮個人情報をオプトアウトによる第三者提供（改正法第23条第2項）を行うことができないことから、結果的に同意なしに要配慮個人情報を第三者提供している場合には、「…第23条第1項又は第24条の規定に違反…」に該当することとなる。

> **法第30条**
> 3　本人は、個人情報取扱事業者に対し、当該本人が識別される保有個人データが第23条第1項又は第24条の規定に違反して第三者に提供されているときは、当該保有個人データの第三者への提供の停止を請求することができる。

（略）

　なお、いずれの場合も直罰は規定されていない。委員会による監督権限の行使については、第4章1「委員会による権限行使」を参照。

⑻　機微（センシティブ）情報との関係

　改正法により要配慮個人情報の概念が新設される前から、金融分野における個人情報取扱事業者は、旧金融分野GLにおいて、「政治的見解、信教（宗教、思想及び信条をいう。）、労働組合への加盟、人種及び民族、門地及び本籍地、保健医療及び性生活、並びに犯罪歴に関する情報」を「機微（センシティブ）情報」として、その取扱いにつき、上乗せの措置を課されていたところである。

　機微（センシティブ）情報との関係の詳細は、後述（第3章2⑴「機微（センシティブ）情報」）する。

5　個人情報データベース等（通則GL2－4）

法第2条

4　この法律において「個人情報データベース等」とは、個人情報を含む情報の集合物であって、次に掲げるもの（利用方法からみて個人の権利利益を害するおそれが少ないものとして政令で定めるものを除く。）をいう。
一　特定の個人情報を電子計算機を用いて検索することができるように体系的に構成したもの
二　前号に掲げるもののほか、特定の個人情報を容易に検索することができるように体系的に構成したものとして政令で定めるもの

政令第3条　法第2条第4項の利用方法からみて個人の権利利益を害するおそれが少ないものとして政令で定めるものは、次の各号のいずれにも該当するものとする。

一　不特定かつ多数の者に販売することを目的として発行されたものであって、かつ、その発行が法又は法に基づく命令の規定に違反して行われたものでないこと。

二　不特定かつ多数の者により随時に購入することができ、又はできたものであること。

三　生存する個人に関する他の情報を加えることなくその本来の用途に供しているものであること。

2　法第2条第4項第2号の政令で定めるものは、これに含まれる個人情報を一定の規則に従って整理することにより特定の個人情報を容易に検索することができるように体系的に構成した情報の集合物であって、目次、索引その他検索を容易にするためのものを有するものをいう。

(1) 概　　要

「個人情報データベース等」とは、特定の個人情報をコンピューターを用いて検索することができるように体系的に構成した、個人情報を含む情報の集合物をいう（改正法第2条第4項第1号）。また、コンピューターを用いていない場合であっても、紙面で処理した個人情報を一定の規則（例えば、五十音順等）に従って整理・分類し、特定の個人情報を容易に検索することができるよう、目次、索引、符号等を付し、他人によっても容易に検索可能な状態に置いているものも該当する（改正法第2条第4項第1号、政令第3条第2項）。

ただし、次の①から③までのいずれにも該当するものは、利用方法から見て個人の権利利益を害するおそれが少ないため、「個人情報データベース等」

には該当しない（改正法第2条第4項柱書、政令第3条第1項各号）。

① 不特定かつ多数の者に販売することを目的として発行されたものであって、かつ、その発行が法または法に基づく命令の規定に違反して行われたものでないこと（第1号）。

② 不特定かつ多数の者により随時に購入することができ、またはできたものであること（第2号）。

③ 生存する個人に関する他の情報を加えることなくその本来の用途に供しているものであること（第3号）。

この「個人情報データベース等」に該当するか否かは、次の3つの論点に影響することとなる。

---

① 「個人情報取扱事業者」の該当性

② 「個人データ」の該当性

③ 個人情報データベース等不正提供罪の成否（第4章2「個人情報データベース等不正提供罪」参照）

（2） 改正内容

本改正により、「個人情報データベース等」から、市販の電話帳など、一定の範囲が除外されることとなった。

改正前の個情法では、「個人情報取扱事業者」の範囲の確定の際に、市販の電話帳などのみを使用する事業者は個人情報取扱事業者から除外される規定となっていた。他方、既に、自前の顧客データベースを保有することで個人情報取扱事業者に該当する場合に、当該個人情報取扱事業者が市販の電話帳などを取得したとき、当該市販の電話帳などについても、あわせて「個人情報データベース等」に該当することとなるため、「個人データ」「保有個人データ」に係る規制が適用されることとなっていた。図表2−7の左側の矢印である。

【改正前】

（定義）

法第2条

3　この法律において「個人情報取扱事業者」とは、個人情報データベース等を事業の用に供している者をいう。ただし、次に掲げる者を除く。

一～四　（略）

五　その取り扱う個人情報の量及び利用方法からみて個人の権利利益を害するおそれが少ないものとして政令で定める者

（個人情報取扱事業者から除外される者）

政令第2条　法第2条第3項第5号の政令で定める者は、その事業の用に供する個人情報データベース等を構成する個人情報によって識別される特定の個人の数（当該個人情報データベース等の全部又は一部が他人の作成に係る個人情報データベース等であって、次の各号のいずれかに該当するものを編集し、又は加工することなくその事業の用に供するときは、当該個人情報データベース等の全部又は一部を構成する個人情報によって識別される特定の個人の数を除く。）の合計が過去6月以内のいずれの日においても5,000を超えない者とする。

一　個人情報として次に掲げるもののみが含まれるもの

　イ　氏名

　ロ　住所又は居所（地図上又は電子計算機の映像面上において住所又は居所の所在の場所を示す表示を含む。）

　ハ　電話番号

二　不特定かつ多数の者に販売することを目的として発行され、かつ、不特定かつ多数の者により随時に購入することができるもの又

はできたもの

　本改正により改正前の個情法第2条第3項第5号は削除され、改正前の政令第2条で規定されていた範囲に相当する内容が、政令第3条第1項で規定されている。

　改正法では、市販の電話帳などは、個人情報データベース等から除外されるものであるため、個人データ、保有個人データに係る義務も適用されないこととなる。図表2－7の右側の矢印である。

図表2－7　市販の電話帳を取得したケース

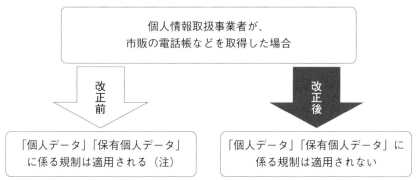

（注）　市販の電話帳等とは別に、5,000人超の個人情報を取り扱っており「個人情報取扱事業者」に該当することが前提。
（出所）　筆者作成

(3)　具 体 例

　「個人情報データベース等」の該当性については、次の例を参照していただきたい。

【個人情報データベース等に該当する事例】
事例1）電子メールソフトに保管されているメールアドレス帳（メールアドレスと氏名を組み合わせた情報を入力している場合）

事例2）インターネットサービスにおいて、ユーザーが利用したサービスに係るログ情報がユーザーIDによって整理され保管されている電子ファイル（ユーザーIDと個人情報を容易に照合することができる場合）

事例3）従業者が、名刺の情報を業務用パソコン（所有者を問わない。）の表計算ソフト等を用いて入力・整理している場合

事例4）人材派遣会社が登録カードを、氏名の五十音順に整理し、五十音順のインデックスを付してファイルしている場合

【個人情報データベース等に該当しない事例】

事例1）従業者が、自己の名刺入れについて他人が自由に閲覧できる状況に置いていても、他人には容易に検索できない独自の分類方法により名刺を分類した状態である場合

事例2）アンケートの戻りはがきが、氏名、住所等により分類整理されていない状態である場合

事例3）市販の電話帳、住宅地図、職員録、カーナビゲーションシステム等

また、次のQ&Aも参照していただきたい。

Q1－35　従業者が業務上使用している携帯電話等の電話帳に氏名と電話番号のデータが登録されている場合、個人情報データベース等に該当しますか。

A1－35　特定の個人情報を検索できるように個人情報を体系的に構成されているといえるため、個人情報データベース等に該当すると解されます。

なお、「信用分野における個人情報保護に関するガイドライン」では次の

記載がある。すなわち、クレジットカード等の利用者から受け入れた申込用紙等については、個人情報データベース等を構成する前の段階においても、個人データに相当するものとして取り扱い、改正法第20条に基づく安全管理措置と同等の措置を求めるものである。金融分野GLに加えて、同ガイドラインも適用される金融機関においては留意が必要である。

Ⅱ．法令解釈指針・事例

（略）

2．与信事業者の義務等

(1)〜(3)　（略）

(4)　個人データの管理（法第19条〜第22条関係）

　1）（略）

　2）安全管理措置（法第20条関係）

　　（略）

　　また、<u>個人情報の記載されたクレジットカードの申込用紙その他の信用分野に係る個人情報データベース等を構成する前の入力帳票についても、個人データに相当する扱いとすることとする。</u>（略）

（下線は筆者による）

6　保有個人データ（通則GL2-7）

法第2条

7　この法律において「保有個人データ」とは、個人情報取扱事業者が、開示、内容の訂正、追加又は削除、利用の停止、消去及び第三者への提供の停止を行うことのできる権限を有する個人データであっ

て、その存否が明らかになることにより公益その他の利益が害される
ものとして政令で定めるもの又は1年以内の政令で定める期間以内に
消去することとなるもの以外のものをいう。

政令第4条 法第2条第7項の政令で定めるものは、次に掲げるものと
する。
　一　当該個人データの存否が明らかになることにより、本人又は第三
　　　者の生命、身体又は財産に危害が及ぶおそれがあるもの
　二　当該個人データの存否が明らかになることにより、違法又は不当
　　　な行為を助長し、又は誘発するおそれがあるもの
　三　当該個人データの存否が明らかになることにより、国の安全が害
　　　されるおそれ、他国若しくは国際機関との信頼関係が損なわれるお
　　　それ又は他国若しくは国際機関との交渉上不利益を被るおそれがあ
　　　るもの
　四　当該個人データの存否が明らかになることにより、犯罪の予防、
　　　鎮圧又は捜査その他の公共の安全と秩序の維持に支障が及ぶおそれ
　　　があるもの

政令第5条
　法第2条第7項の政令で定める期間は、6月とする。

（1）　概　　要

　「保有個人データ」とは、個人情報取扱事業者が、本人またはその代理人
から請求される開示、内容の訂正、追加または削除、利用の停止、消去およ
び第三者への提供の停止のすべて（以下「開示等」という）に応じることが
できる「権限」を有する「個人データ」をいう。

　個人情報取扱事業者は、本人から、当該本人が識別される保有個人データ

の「開示」(改正法第28条)、「訂正、追加又は削除」(改正法第29条)、「利用停止もしくは消去または第三者への提供の停止」(改正法第30条)の請求を受けたときは、原則として、その請求に応えなければならない。

法第28条 本人は、個人情報取扱事業者に対し、当該本人が識別される保有個人データの開示を請求することができる。

2　個人情報取扱事業者は、前項の規定による請求を受けたときは、本人に対し、政令で定める方法により、遅滞なく、当該保有個人データを開示しなければならない。(略)

法第29条 本人は、個人情報取扱事業者に対し、当該本人が識別される保有個人データの内容が事実でないときは、当該保有個人データの内容の訂正、追加又は削除(以下この条において「訂正等」という。)を請求することができる。

2　個人情報取扱事業者は、前項の規定による請求を受けた場合には、その内容の訂正等に関して他の法令の規定により特別の手続が定められている場合を除き、利用目的の達成に必要な範囲内において、遅滞なく必要な調査を行い、その結果に基づき、当該保有個人データの内容の訂正等を行わなければならない。

(略)

法第30条 本人は、個人情報取扱事業者に対し、当該本人が識別される保有個人データが第16条の規定に違反して取り扱われているとき又は第17条の規定に違反して取得されたものであるときは、当該保有個人データの利用の停止又は消去(以下この条において「利用停止等」という。)を請求することができる。

2　個人情報取扱事業者は、前項の規定による請求を受けた場合であって、その請求に理由があることが判明したときは、違反を是正するた

めに必要な限度で、遅滞なく、当該保有個人データの利用停止等を行
わなければならない。ただし、当該保有個人データの利用停止等に多
額の費用を要する場合その他の利用停止等を行うことが困難な場合で
あって、本人の権利利益を保護するため必要なこれに代わるべき措置
をとるときは、この限りでない。

3　本人は、個人情報取扱事業者に対し、当該本人が識別される保有個
人データが第23条第1項又は第24条の規定に違反して第三者に提供さ
れているときは、当該保有個人データの第三者への提供の停止を請求
することができる。

4　個人情報取扱事業者は、前項の規定による請求を受けた場合であっ
て、その請求に理由があることが判明したときは、遅滞なく、当該保
有個人データの第三者への提供を停止しなければならない。ただし、
当該保有個人データの第三者への提供の停止に多額の費用を要する場
合その他の第三者への提供を停止することが困難な場合であって、本
人の権利利益を保護するため必要なこれに代わるべき措置をとるとき
は、この限りでない。

（略）

(2)　「権限」を有すること

上記の「保有個人データ」の定義から明らかなとおり、個人情報取扱事業
者が、その「個人データ」に対して、開示等を行う権限を有していることが
要件となっている。

したがって、個人情報取扱事業者が、保有する個人データにつき「権限」
を有していない場合には、そもそも保有個人データに該当しないこととな
る。

一般論としては、個人情報取扱事業者が自らの事業のために個人データを
取り扱っている以上、その「権限」を有しているのが通常である。

他方で、例えば、個人データの取扱いを委託するような場合においては、基本的には委託元が上記の開示等の権限を有するのが通常であると考えられることから、この場合は、委託元にとっては保有個人データに該当する一方で、委託先にとっては保有個人データに該当しないこととなる。

Q1-52　個人データの取扱いが委託される場合、当該個人データは委託元と委託先のどちらの保有個人データとなりますか。

A1-52　特に定めのない限り、委託元の保有個人データになると考えられますが、具体的には個別の事例ごとに判断することとなります。
　　委託元が、個人データを受託処理する個人情報取扱事業者である委託先に対し、自らの判断で当該個人データの開示等を行う権限を付与していないとき（委託元・委託先間で何ら取決めがなく委託先が自らの判断で開示等をすることができない場合も含む。）は、本人に対する開示等の権限を有しているのは委託元であるため、当該個人データは委託元の「保有個人データ」となります。

---

(3)　除外要件

　ただし、個人情報取扱事業者が上記の「権限」を有する個人データであっても、次の除外要件①または除外要件②に該当する者については「保有個人データ」に該当しない。

ア　除外要件①

　まず、個人データのうち、6カ月以内に消去する（更新することは除く）こととなるものは、「保有個人データ」ではない（改正法第2条第7項、政令第5条）。なお、この6カ月は、当該個人データを取得したときから起算する。

Q1-51　6か月以内に消去することとなるものは保有個人データに該

当しないとされていますが、その起算点はいつですか。

Ａ１−51 当該個人データを取得したときから起算します。

イ 除外要件②

次に、個人データのうち、次に掲げるものは、「保有個人データ」ではない。

(1) 当該個人データの存否が明らかになることにより、本人又は第三者の生命、身体又は財産に危害が及ぶおそれがあるもの

(2) 当該個人データの存否が明らかになることにより、違法又は不当な行為を助長し、又は誘発するおそれがあるもの

(3) 当該個人データの存否が明らかになることにより、国の安全が害されるおそれ、他国若しくは国際機関との信頼関係が損なわれるおそれ又は他国若しくは国際機関との交渉上不利益を被るおそれがあるもの

(4) 当該個人データの存否が明らかになることにより、犯罪の予防、鎮圧又は捜査その他の公共の安全と秩序の維持に支障が及ぶおそれがあるもの

金融機関の実務にとって影響があるのは、上記のうち(2)および(4)である。

(ア) 反社会的勢力等に対する対応

例えば、上記の(2)「違法又は不当な行為を助長し、又は誘発するおそれがあるもの」の具体例は以下のとおりである。

事例１）暴力団等の反社会的勢力による不当要求の被害等を防止するために事業者が保有している、当該反社会的勢力に該当する人物を本人とする個人データ

事例２）不審者や悪質なクレーマー等による不当要求の被害等を防止するために事業者が保有している、当該行為を行った者を本人とする個

人データ

前述したとおり、金融分野における個人情報取扱事業者にとって、反社会的勢力との関係を遮断するため、様々な関連情報を入手することは不可避である。しかし、本人に対して、これらの情報の開示請求などに対応することは、さらなる不当要求などを誘発することになる。

したがって、これらの情報については、「保有個人データ」から除外されることとなる。

(イ) 捜査機関等からの捜査照会等

また、上記の(4)「犯罪の予防、鎮圧又は捜査その他の公共の安全と秩序の維持に支障が及ぶおそれがあるもの」の具体例は以下のとおりである。

事例1）警察から捜査関係事項照会等がなされることにより初めて取得した個人データ

事例2）警察から契約者情報等について捜査関係事項照会等を受けた事業者が、その対応の過程で作成した照会受理簿・回答発信簿、照会対象者リスト等の個人データ（※なお、当該契約者情報自体は「保有個人データ」に該当する。）

事例3）犯罪による収益の移転防止に関する法律第8条第1項に基づく疑わしい取引の届出の有無及び届出に際して新たに作成した個人データ

事例4）振り込め詐欺に利用された口座に関する情報に含まれる個人データ

金融分野における個人情報取扱事業者においては、警察等からの外部照会に対応する実務があるものと思われるが、これに関連して、次のQ&Aを示している。基本的には改正法による実務の変更はないものと思われるが、この機会に改めて、個情法上の整理を確認していただきたい。

Q 1−53 ガイドライン（通則編） 2−7の「⑷当該個人データの存否が明らかになることにより、犯罪の予防、鎮圧又は捜査その他の公共の安全と秩序の維持に支障が及ぶおそれがあるもの」の事例1について、「警察から捜査関係事項照会等がなされることにより初めて取得した個人データ」とありますが、これは具体的にはどのような意味ですか。

A 1−53 例えば、ある事業者が、ある人物に関し、警察から刑事訴訟法第197条第2項に基づき、顧客情報の提供依頼を受けたが、依頼がなされた時点では、当該事業者が当該人物の個人データを保有していない場合、当該照会によって当該事業者は初めて当該人物の個人データを入手することとなります。このような個人データの存否が明らかになれば、犯罪の予防、鎮圧、捜査又は公共の安全と秩序の維持に支障が及ぶおそれがあるため、「保有個人データ」からは除外されます。したがって、この事例では、当該人物の個人データは、開示請求の対象外となります。

Q 1−54 ガイドライン（通則編） 2−7の「⑷当該個人データの存否が明らかになることにより、犯罪の予防、鎮圧又は捜査その他の公共の安全と秩序の維持に支障が及ぶおそれがあるもの」の事例4について、「振り込め詐欺に利用された口座に関する情報に含まれる個人データ」とありますが、振り込め詐欺に利用された口座に関する全ての情報が「保有個人データ」に当たらないということですか。

A 1−54 振り込め詐欺に利用された口座であっても、名義人の氏名、住所、連絡先、口座番号等、口座開設の際に必要な当該名義人に関する情報そのものは、「保有個人データ」に該当します。他方、警察からの当該口座に関する照会に対応する過程で作成した照会受理簿、回答発信簿、照会対象者リスト等の個人データは、保有個人データに当

たらないこととなります。

　Q&A1−54との関係では、例えば、警察の捜査の対象となった者から「名義人の氏名、住所…名義人に関する情報そのもの」について開示請求をされた場合に、当該請求を拒否することで、当該者に対して、自身が警察の捜査の対象となっていることを示唆しかねない。したがって、このような場合は、個人情報取扱事業者としては、適切に開示請求に応える必要がある。

　上記の「事例2」のなかで、「（※なお、当該契約者情報自体は「保有個人データ」に該当する。）」としているのも同様の趣旨である。金融分野における個人情報取扱事業者においては、上記のQ&Aの趣旨をよく理解し、適切に対応をする必要がある。

　なお、「保有個人データ」の該当性に係る論点からは外れるが、外部照会対応に係る実務に関連するものとして、次のQ&Aを示している。

　Q5−17　刑事訴訟法第197条第2項に基づき、警察から顧客に関する情報について照会があった場合、顧客本人の同意を得ずに回答してもよいですか。同法第507条に基づき、検察官から裁判の執行に関する照会があった場合はどうですか。

　A5−17　警察や検察等の捜査機関からの照会（刑事訴訟法第197条第2項）や、検察官及び裁判官等からの裁判の執行に関する照会（同法第507条）に対する回答は、「法令に基づく場合」（法第23条第1項第1号）に該当するため、これらの照会に応じて個人情報を提供する際に本人の同意を得る必要はありません。要配慮個人情報を提供する際も同様です。

　なお、これらの照会は、いずれも、捜査や裁判の執行に必要な場合に行われるもので、相手方に回答すべき義務を課すものと解されており、また、上記照会により求められた顧客情報を本人の同意なく回答することが民法上の不法行為を構成することは、通常考えにくいた

め、これらの照会には、一般に回答をすべきであると考えられます。

ただし、本人との間の争いを防止するために、照会に応じ警察等に対

し顧客情報を提供する場合には、当該情報提供を求めた捜査官等の役

職、氏名を確認するとともに、その求めに応じ提供したことを後日説

明できるようにしておくことが必要と考えられます。

（下線は筆者による）

　刑事訴訟法第197条第2項などが「法令に基づく場合」に該当する点は、
改正前の個情法のもとでの解釈から変更する点はないが、本改正により新設
された「要配慮個人情報」においても同様の整理である点が明らかにされて
いる（上記引用の下線部参照）。

7　利用目的（通則GL 3 − 1）

法第15条

2　個人情報取扱事業者は、利用目的を変更する場合には、変更前の利
　用目的と関連性を有すると合理的に認められる範囲を超えて行っては
　ならない。

法第16条　個人情報取扱事業者は、あらかじめ本人の同意を得ないで、
　前条の規定により特定された利用目的の達成に必要な範囲を超えて、
　個人情報を取り扱ってはならない。

法第18条

3　個人情報取扱事業者は、利用目的を変更した場合は、変更された利

用目的について、本人に通知し、又は公表しなければならない。

（1） 概　　要

ア　利用目的の特定

　個人情報を取得する際には、その利用目的を決めておくとともに（改正法第15条第1項）、原則として、当該利用目的の範囲内で利用する必要がある（改正法第16条第1項）。

法第15条

1　個人情報取扱事業者は、個人情報を取り扱うに当たっては、その利用の目的（以下「利用目的」という。）をできる限り特定しなければならない。

法第16条

1　個人情報取扱事業者は、あらかじめ本人の同意を得ないで、前条の規定により特定された利用目的の達成に必要な範囲を超えて、個人情報を取り扱ってはならない。

　利用目的の特定にあたっては、利用目的を単に抽象的、一般的に特定するのではなく、個人情報が個人情報取扱事業者において、最終的にどのような事業の用に供され、どのような目的で個人情報を利用されるのかが、本人にとって一般的かつ合理的に想定できる程度に具体的に特定することが望ましい。

　なお、あらかじめ、個人情報を第三者に提供することを想定している場合には、利用目的の特定にあたっては、その旨が明確にわかるよう特定しなければならない。

イ　利用目的の範囲を超える場合

　この範囲を超えて、個人情報を利用する場合については、本人の同意を得るか（改正法第16条第１項）、または、改正法第15条第２項に基づき、利用目的を変更する必要がある。

法第15条

２　個人情報取扱事業者は、利用目的を変更する場合には、変更前の利用目的と関連性を有すると合理的に認められる範囲を超えて行ってはならない。

法第16条

１　個人情報取扱事業者は、あらかじめ本人の同意を得ないで、前条の規定により特定された利用目的の達成に必要な範囲を超えて、個人情報を取り扱ってはならない。

　利用目的の変更については、本改正により変更があったため、次のウ「利用目的の変更が許される範囲」において別建てで説明をする。

　改正法第16条第１項に基づく同意を得るために個人情報を利用すること（メールの送信や電話をかけること等）は、当初特定した利用目的として記載されていない場合でも、目的外利用には該当しない。

ウ　利用目的の変更が許される範囲

　この利用目的の変更については、「変更前の利用目的と関連性を有すると合理的に認められる範囲」である必要がある。改正前においては、「…相当の関連性…」という文言になっていたところ、「相当の」が削除されている。これの意味するところは、合理的な範囲での利用目的変更は許容されるものであることを明確にし、個人情報取扱事業者の萎縮を払拭する点にある。「変更前の利用目的と関連性を有すると合理的に認められる範囲」とは、変更後の利用目的が変更前の利用目的からみて、社会通念上、本人が通

常予期し得る限度と客観的に認められる範囲内を意味する。本人の主観や事業者の恣意的な判断によるものではなく、一般人の判断において、当初の利用目的と変更後の利用目的を比較して予期できる範囲をいい、当初特定した利用目的とどの程度の関連性を有するかを総合的に勘案して判断される。

　具体的な線引きは困難ではあるが、Ｑ＆Ａにおいては次のように具体例を示している。

　Ｑ２－８　法第15条第２項において、利用目的の変更が認められると考えられる事例を教えてください。

　Ａ２－８　利用目的の変更が認められる範囲については、法第15条第２項において「変更前の利用目的と「相当の関連性」を有すると合理的に認められる範囲」とされていたところ、平成27年改正（平成29年５月30日施行）により、「変更前の利用目的と「関連性」を有すると合理的に認められる範囲」となりました。これは、一般的な消費者等からみて合理的な関連性のある範囲内において、利用目的の変更を柔軟かつ適時に可能とする規定です。

　　利用目的の変更が認められる事例については、個別具体的な事例ごとに判断されるものの、例えば、次のような場合が考えられます。

　○「当社が提供する新商品・サービスに関する情報のお知らせ」という利用目的について、「既存の関連商品・サービスに関する情報のお知らせ」を追加する場合

　○「当社が提供する既存の商品・サービスに関する情報のお知らせ」という利用目的について、「新規に提供を行う関連商品・サービスに関する情報のお知らせ」を追加する場合（例えば、フィットネスクラブの運営事業者が、会員向けにレッスンやプログラムの開催情報をメール配信する目的で個人情報を保有していたところ、同じ情報を用いて新たに始めた栄養指導サービスの案内を配信する場合もこれに含まれ得ると考えられます。）

○「当社が取り扱う既存の商品・サービスの提供」という利用目的について、「新規に提供を行う関連商品・サービスに関する情報のお知らせ」を追加する場合（例えば、防犯目的で警備員が駆け付けるサービスの提供のため個人情報を保有していた事業者が、新たに始めた「高齢者見守りサービス」について、既存の顧客に当該サービスを案内するためのダイレクトメールを配信する場合もこれに含まれ得ると考えられます。）

○「当社が取り扱う商品・サービスの提供」という利用目的について、「当社の提携先が提供する関連商品・サービスに関する情報のお知らせ」を追加する場合（例えば、住宅用太陽光発電システムを販売した事業者が、対象の顧客に対して、提携先である電力会社の自然エネルギー買取サービスを紹介する場合もこれに含まれ得ると考えられます。）

エ　事業の承継

　個人情報取扱事業者が、合併、分社化、事業譲渡等により他の個人情報取扱事業者から事業の承継をすることに伴って個人情報を取得した場合であって、当該個人情報に係る承継前の利用目的の達成に必要な範囲内で取り扱う場合は目的外利用にはならず、本人の同意を得る必要はない。

法第16条

2　個人情報取扱事業者は、合併その他の事由により他の個人情報取扱事業者から事業を承継することに伴って個人情報を取得した場合は、あらかじめ本人の同意を得ないで、承継前における当該個人情報の利用目的の達成に必要な範囲を超えて、当該個人情報を取り扱ってはならない。

　なお、事業の承継は、第三者提供制限規定の例外でもある（本章９(3)イ

「事業の継承（改正法第23条第5項第2号関係）」参照）としても規定されていることから、結果として、本人の同意は不要である。

オ　利用目的による制限の例外

法第16条

3　前二項の規定は、次に掲げる場合については、適用しない。

(1)　法令に基づく場合

(2)　人の生命、身体又は財産の保護のために必要がある場合であって、本人の同意を得ることが困難であるとき。

(3)　公衆衛生の向上又は児童の健全な育成の推進のために特に必要がある場合であって、本人の同意を得ることが困難であるとき。

(4)　国の機関若しくは地方公共団体又はその委託を受けた者が法令の定める事務を遂行することに対して協力する必要がある場合であって、本人の同意を得ることにより当該事務の遂行に支障を及ぼすおそれがあるとき。

改正法第16条第1項および第2項において、特定された利用目的の達成に必要な範囲を超えて個人情報を取り扱うにあたり本人の同意を得ることが求められる場合であっても、当該同意は不要である。

改正法第16条第3項各号に掲げる内容は、改正法第23条第1項各号に掲げる内容と同一であることから、具体的内容は本章9⑵「例外」を参照いただきたい。

⑵　個人番号（マイナンバー）との関係（預貯金口座付番）

平成30年1月1日施行により、個人番号（マイナンバー）の預貯金口座付番が開始される。すなわち、銀行などは、預金者ごとに個人番号（マイナンバー）を付することが求められる。

国税通則法

（預貯金者等情報の管理）

第74条の13の2　金融機関等（預金保険法（昭和46年法律第34号）第2
条第1項各号（定義）に掲げる者及び農水産業協同組合貯金保険法
（昭和48年法律第53号）第2条第1項（定義）に規定する農水産業協
同組合をいう。）は、政令で定めるところにより、預貯金者等情報
（預貯金者等（預金保険法第2条第3項に規定する預金者等及び農水
産業協同組合貯金保険法第2条第3項に規定する貯金者等をいう。）
の氏名（法人については、名称）及び住所又は居所その他預貯金等
（預金保険法第2条第2項に規定する預金等及び農水産業協同組合貯
金保険法第2条第2項に規定する貯金等をいう。）の内容に関する事
項であつて財務省令で定めるものをいう。）を当該預貯金者等の番号
（行政手続における特定の個人を識別するための番号の利用等に関す
る法律（平成25年法律第27号）第2条第5項（定義）に規定する個人
番号（第124条第1項（書類提出者の氏名、住所及び番号の記載等）
において「個人番号」という。）又は同法第2条第15項に規定する法
人番号をいう。第124条第1項において同じ。）により検索することが
できる状態で管理しなければならない。

　この点に関して、銀行などにおいては、既に投資信託などの金融商品の販
売の際に個人番号を収集しているため、この個人番号（マイナンバー）を預
貯金口座付番に利用することができることとなれば実務上も負担が少なくな
るし、また、預金者との間で書類の授受が不要となる。他方で、個人番号
（マイナンバー）においてはその活用において心理的な負担を持つ消費者も
多いことから、その取扱いにおいては透明性を図ることが肝要である。この
点、個人番号（マイナンバー）の利用目的においては、一般の個人情報と異
なり、本人の同意を得たとしても、当該利用目的の達成に必要な範囲を超え

て取り扱うことができない（番号法第30条第3項参照）点も踏まえて対応を行う必要がある。

行政手続における特定の個人を識別するための番号の利用等に関する法律第30条

3　個人情報保護法第2条第5項に規定する個人情報取扱事業者が保有し、又は保有しようとする特定個人情報（第23条第1項及び第2項に規定する記録に記録されたものを除く。）に関しては、個人情報保護法16条第3項第3号及び第4号、第17条第2項並びに第23条から第26条までの規定は適用しないものとし、個人情報保護法の他の規定の適用については、次の表の上欄に掲げる個人情報保護法の規定中同表の中欄に掲げる字句は、同表の下欄に掲げる字句とする。

読み替えられる個人情報保護法の規定	読み替えられる字句	読み替える字句
第16条第1項	あらかじめ本人の同意を得ないで、前条	前条

　この預貯金口座付番に関連して、平成29年7月12日付で、「利用目的の変更」と関連して、次のQ&Aが公表されている。預貯金口座付番の対応に着手する銀行などにおいては参考になるものと考えられる。

Q16-5　金融機関が、利用目的を「金融商品取引に関する支払調書作成事務」と特定し、顧客から個人番号の提供を受けていた場合、「預貯金口座への付番に関する事務」のためにその個人番号を利用するには、どのような対応が必要ですか。

A16-5　個人番号の提供を受けた時点で利用目的として特定されてい

なかった「預貯金口座への付番に関する事務」のためにその個人番号を利用することは、特定した利用目的を超えて個人番号を利用することになりますので、当該事務のためにその個人番号を利用するには、利用目的を明示し、改めて個人番号の提供を受けるか、利用目的を変更して、変更された利用目的を本人に通知し、又は公表する必要があります。（平成29年7月追加）

(出所)　「「特定個人情報の適正な取扱いに関するガイドライン（事業者編）」及び「（別冊）金融業務における特定個人情報の適正な取扱いに関するガイドライン」に関するQ＆A」

8　適正取得（通則GL３−２−１）

> **法第17条**　個人情報取扱事業者は、偽りその他不正の手段により個人情報を取得してはならない。

【個人情報取扱事業者が不正の手段により個人情報を取得している事例】

事例１）十分な判断能力を有していない子供や障害者から、取得状況から考えて関係のない家族の収入事情などの家族の個人情報を、家族の同意なく取得する場合

事例２）法第23条第１項に規定する第三者提供制限違反をするよう強要して個人情報を取得する場合

事例３）個人情報を取得する主体や利用目的等について、意図的に虚偽の情報を示して、本人から個人情報を取得する場合

事例４）他の事業者に指示して不正の手段で個人情報を取得させ、当該他の事業者から個人情報を取得する場合

事例５）法第23条第１項に規定する第三者提供制限違反がされようとし

ていることを知り、又は容易に知ることができるにもかかわらず、個
人情報を取得する場合

事例6）不正の手段で個人情報が取得されたことを知り、又は容易に知
ることができるにもかかわらず、当該個人情報を取得する場合

　現在のインターネット社会において、金融分野における個人情報取扱事業
者の実務においても、インターネット上から様々な情報を取得することは、
あり得るものと考えられる。しかし、インターネット上には、信頼性に欠け
る情報も氾濫しているのが現実である。この場合に、改正法第17条第1項の
適正取得義務との関係に関連して、次の2つのQ&Aが参考となる。

　Q3−3　ガイドライン（通則編）3−2−1の「個人情報取扱事業者
　が不正の手段により個人情報を取得している事例」事例5の「法第23
　条第1項に規定する第三者提供制限違反がされようとしていること」
　を容易に知ることができる場合とは、具体的にどのような場合が考え
　られますか。

　A3−3　例えば、部外秘・社外秘である旨のラベリング、メモ書、透
　かしがある従業員名簿・ファイルなど、第三者提供が制限されている
　ことが外形上明らかである場合、クレジットカード情報が含まれる顧
　客名簿・ファイルなど、社会通念上、第三者提供が制限されているこ
　とが推知できるような場合が考えられます。

　　また、個人データの第三者提供を受ける場合は、相手方が個人デー
　タを取得した経緯等について確認・記録する必要がある点にも留意が
　必要です（法第26条）。

　　なお、「個人データ」に該当しない「個人情報」の第三者提供を受
　ける場合は、法第26条の確認・記録義務は適用されませんが、適正取
　得（法第17条第1項）の義務は適用されるため、相手方が不正の手段
　で個人情報を取得したことを知り又は容易に知ることができたにもか

かわらず当該個人情報を取得することは、法第17条第1項に違反する
おそれがあると解されます。

Q3-4　個人情報を含む情報がインターネット等により公にされている場合、①当該情報を単に画面上で閲覧する場合、②当該情報を転記の上、検索可能な状態にしている場合、③当該情報が含まれるファイルをダウンロードしてデータベース化する場合は、それぞれ「個人情報を取得」していると解されますか。

A3-4　個人情報を含む情報がインターネット等により公にされている場合、それらの情報を①のように単に閲覧するにすぎない場合には「個人情報を取得」したとは解されません。一方、②や③のようなケースは、「個人情報を取得」したと解し得るものと考えられます。

　金融分野における個人情報取扱事業者においても、必要以上の萎縮は不要と考えられるが、信頼性のある情報源を選ぶように心掛けるべきであろう。
　また、平成26年に発生した民間企業における大規模漏えい事案を契機として、いわゆる名簿業者を介在し、違法に入手された個人データが社会に流通している実態が社会に認識されたため、改正法においても、いわゆる名簿業者の対策を目的として、改正法第26条が規定された（本章13「確認・記録義務」参照）。
　これに関連して、次のQ&Aを示している。

Q3-2　名簿業者から個人の名簿を購入することは禁止されていますか。また、不正取得された名簿をそれと知らずに購入した場合は、どうですか。

A3-2　名簿業者から個人の名簿を購入すること自体は禁止されていませんが、その購入に際しては、適正取得（法第17条第1項）や第三者提供を受ける際の確認・記録義務（法第26条）が適用される点に留

意する必要があります。

　具体的には、名簿の購入の際、相手方が個人データを取得した経緯などを確認・記録する必要があり、その結果、相手方が不正の手段により個人データを取得したことを知り又は容易に知ることができたにもかかわらず当該個人データを取得する場合、法第17条第１項に違反するおそれがあります。

　特に、平成27年改正の施行（平成29年５月30日）以降は、一般的に名簿業者はオプトアウト規定による届出が必要となるため（法第23条第３項）、個人情報保護委員会のホームページ上で、当該名簿業者が届出をしていることを確認する必要があると解されます。

既に、金融分野における個人情報取扱事業者においては、平成27年当時の旧金融分野GLの改正の際に、対応をしているものと思われる。

旧金融分野GL（平成27年７月２日公表　下線部が追加部分）
第７条　適正な取得（法第17条関連）

　金融分野における個人情報取扱事業者は、法第17条に従い、偽りその他不正の手段により個人情報を取得してはならない。事業者は、第三者から個人情報を取得するに際しては、本人の利益の不当な侵害を行ってはならず、個人情報の不正取得等の不当な行為を行っている第三者から、当該情報が漏えいされた個人情報であること等を知った上で当該情報を取得してはならない。

　第三者からの提供（法第23条第１項各号に掲げる場合並びに個人情報の取扱いの委託、事業の承継及び共同利用に伴い、個人情報を提供する場合を除く。）により、個人情報（施行令第２条第２号に規定するものから取得した個人情報を除く。）を取得する場合には、提供元の法の遵守状況（例えば、オプトアウト（第13条第４項の規定（法第23条第２項・第３項）参照）、利用目的、開示手続、問合せ・苦情の受付窓口を

公表していることなど）を確認し、個人情報を適切に管理している者を提供元として選定するとともに、実際に個人情報を取得する際には、例えば、取得の経緯を示す契約書等の書面の点検又はこれに代わる合理的な方法により、当該個人情報の取得方法等を確認した上で、当該個人情報が適法に取得されたことが確認できない場合は、偽りその他不正の手段により取得されたものである可能性もあることから、その取得を自粛することを含め、慎重に対応することが望ましい。

　上記のＱ＆Ａ３－２に記載のとおり、いわゆる名簿業者からの名簿の取得については改正法の影響を受けるため、各金融機関においては、社内の体制を見直す必要がある。後述の本章13「確認・記録義務」を参照。

9 第三者提供の制限

法第23条

1　個人情報取扱事業者は、次に掲げる場合を除くほか、あらかじめ本人の同意を得ないで、個人データを第三者に提供してはならない。

(1)　法令に基づく場合

(2)　人の生命、身体又は財産の保護のために必要がある場合であって、本人の同意を得ることが困難であるとき。

(3)　公衆衛生の向上又は児童の健全な育成の推進のために特に必要がある場合であって、本人の同意を得ることが困難であるとき。

(4)　国の機関若しくは地方公共団体又はその委託を受けた者が法令の定める事務を遂行することに対して協力する必要がある場合であって、本人の同意を得ることにより当該事務の遂行に支障を及ぼすお

それがあるとき。

（1）原　　則

　個人情報取扱事業者は、個人データの第三者への提供にあたり、あらかじめ本人の同意を得ないで提供してはならない。同意の取得にあたっては、事業の規模および性質、個人データの取扱状況（取り扱う個人データの性質および量を含む）等に応じ、本人が同意に係る判断を行うために必要と考えられる合理的かつ適切な範囲の内容を明確に示さなければならない。

　なお、あらかじめ、個人情報を第三者に提供することを想定している場合には、利用目的において、その旨を特定しなければならない。

（2）例　　外

　ただし、次のアからエまでに掲げる場合については、第三者への個人データの提供にあたって、本人の同意は不要である。

　ア　法令に基づいて個人データを提供する場合（法第23条第1項第1号関係）

　イ　人（法人を含む。）の生命、身体又は財産といった具体的な権利利益が侵害されるおそれがあり、これを保護するために個人データの提供が必要であり、かつ、本人の同意を得ることが困難である場合（法第23条第1項第2号関係）

　ウ　公衆衛生の向上又は心身の発展途上にある児童の健全な育成のために特に必要な場合であり、かつ、本人の同意を得ることが困難である場合（法第23条第1項第3号関係）

　エ　国の機関等が法令の定める事務を実施する上で、民間企業等の協力を得る必要がある場合であって、協力する民間企業等が当該国の機関等に個人データを提供することについて、本人の同意を得ることが当

> 該事務の遂行に支障を及ぼすおそれがある場合（法第23条第1項第4
> 号関係）

改正法第23条第1項各号においては改正事項がないことから、詳細な説明は省略するが、金融分野における個人情報取扱事業者においても影響し得るア「法令に基づく場合」と、イ「人（法人を含む。）の生命、身体又は財産の保護のために必要がある場合であって、本人の同意を得ることが困難であるとき」については特に再確認をしていただきたい。

ア 「法令に基づく場合」

個情法はあくまで一般法であることから、他の法律において特に規定を置いている場合は、当該規定が優先することとなる。例えば、次のものが挙げられる。

> ○警察の捜査関係事項照会への対応（刑事訴訟法第197条第2項）
> ○裁判官の発する令状に基づく捜査に対応する場合（刑事訴訟法第218
> 条）
> 【事例】
> ○税務署の所得税等に関する調査に対応する場合（国税通則法第74条の
> 2他）
> ○製造・輸入事業者が消費生活用製品安全法（昭和48年法律第31号）第
> 39条第1項の規定による命令（危害防止命令）を受けて製品の回収等
> の措置をとる際に、販売事業者が、同法第38条第3項の規定に基づき
> 製品の購入者等の情報を当該製造・輸入事業者に提供する場合
> ○弁護士会からの照会に対応する場合（弁護士法（昭和24年法律第205
> 号）第23条の2）
> ○少年法第6条の4に基づく触法少年の調査に必要な質問や調査関係事
> 項照会等
> ○少年法第6条の5に基づく令状による触法少年の調査

○金融商品取引法（昭和23年法律第25号）第210条、第211条等に基づく証券取引等監視委員会の職員による犯則事件の調査への対応

○犯罪による収益の移転防止に関する法律第4条に基づく取引時確認への対応

○犯罪による収益の移転防止に関する法律第8条第1項に基づく特定事業者による疑わしい取引の届出

○所得税法（昭和40年法律第33号）第225条第1項等による税務署長に対する支払調書等の提出

○国税通則法第74条の2に基づく税関の職員による消費税に関する調査への対応

○関税法（昭和29年法律第61号）第105条第1項各号に基づく税関の職員による関税法に基づく質問検査への対応

○国税犯則取締法（明治33年法律第67号）第1条、関税法第119条等に基づく税務署等及び税関の職員による犯則事件の調査への対応

○国税徴収法（昭和34年法律第147号）第141条に基づく税務署等及び税関の職員による滞納処分のための調査への対応

○刑事訴訟法第507条による裁判執行関係事項照会への対応

○刑事訴訟法第279条、心神喪失等の状態で重大な他害行為を行った者の医療及び監察等に関する法律（平成15年法律第110号）第24条第3項による裁判所からの照会への対応

○民事訴訟法（平成8年法律第109号）第186条、第226条、家事事件手続法（平成23年法律第52号）第62条による裁判所からの文書送付や調査の嘱託への対応

○家事事件手続法第58条に基づく家庭裁判所調査官による事実の調査への対応

○犯罪被害財産等による被害回復給付金の支給に関する法律（平成18年法律第87号）第28条による検察官や被害回復事務管理人からの照会への対応

○児童虐待の防止等に関する法律（平成12年法律第82号）第6条第1項に基づく児童虐待に係る通告

○統計法（平成19年法律第53号）第13条による国勢調査などの基幹統計調査に対する報告

○統計法第30条及び第31条による国勢調査などの基幹統計調査に関する協力要請への対応

○会社法（平成17年法律第86号）第381条第3項による親会社の監査役の子会社に対する調査への対応

○会社法第396条及び金融商品取引法第193条の2の規定に基づく財務諸表監査への対応

イ 「人（法人を含む。）の生命、身体又は財産の保護のために必要がある場合であって、本人の同意を得ることが困難であるとき」

　本人から同意を取得することより守られる権利利益よりも、優越される本人・他者の権利利益または公共的理由等がある場合には、第三者提供制限の例外と位置付けられている。

○急病その他の事態が生じたときに、本人について、その血液型や家族の連絡先等を医師や看護師に提供する場合

○大規模災害や事故等の緊急時に、被災者情報・負傷者情報等を家族、行政機関、地方自治体等に提供する場合

○事業者間において、暴力団等の反社会的勢力情報、振り込め詐欺に利用された口座に関する情報、意図的に業務妨害を行う者の情報について共有する場合

○不正送金等の金融犯罪被害の事実に関する情報を、関連する犯罪被害の防止のために、他の事業者に提供する場合

ウ　公衆衛生の向上または児童の健全な育成の推進のために特に必要がある
　　場合であって、本人の同意を得ることが困難であるとき

　公衆衛生の向上または心身の発達途上にある児童の健全な育成のために特
に必要があり、かつ、本人の同意を得ることが困難である場合は、改正法第
16条第1項または第2項の適用を受けず、あらかじめ本人の同意を得ること
なく、特定された利用目的の達成に必要な範囲を超えて個人情報を取り扱う
ことができる。

　事例1）　健康保険組合等の保険者等が実施する健康診断の結果等に係
　　る情報を、健康増進施策の立案、保健事業の効果の向上、疫学調査等
　　に利用する場合
　事例2）　児童生徒の不登校や不良行為等について、児童相談所、学
　　校、医療機関等の関係機関が連携して対応するために、当該関係機関
　　等の間で当該児童生徒の情報を交換する場合
　事例3）　児童虐待のおそれのある家庭情報を、児童相談所、警察、学
　　校、病院等が共有する必要がある場合

エ　国の機関もしくは地方公共団体またはその委託を受けた者が法令の定め
　　る事務を遂行することに対して、事業者が協力する必要がある場合であっ
　　て、本人の同意を得ることにより当該事務の遂行に支障を及ぼすおそれが
　　あるとき

　国の機関等（地方公共団体またはその委託を受けた者を含む）が法令の定
める事務を実施する上で、民間企業等の協力を得る必要があり、かつ、本人
の同意を得ることが当該事務の遂行に支障を及ぼすおそれがあると認められ
る場合は、当該民間企業等は、あらかじめ本人の同意を得ることなく、特定
された利用目的の達成に必要な範囲を超えて個人情報を取り扱うことができ
る。

事例1）　事業者が税務署または税関の職員等の任意の求めに応じて個人情報を提出する場合
事例2）　事業者が警察の任意の求めに応じて個人情報を提出する場合
事例3）　一般統計調査や地方公共団体が行う統計調査に回答する場合

(3)　第三者に該当しない場合

法第23条

5　次に掲げる場合において、当該個人データの提供を受ける者は、前各項の規定の適用については、第三者に該当しないものとする。

(1)　個人情報取扱事業者が利用目的の達成に必要な範囲内において個人データの取扱いの全部又は一部を委託することに伴って当該個人データが提供される場合

(2)　合併その他の事由による事業の承継に伴って個人データが提供される場合

(3)　特定の者との間で共同して利用される個人データが当該特定の者に提供される場合であって、その旨並びに共同して利用される個人データの項目、共同して利用する者の範囲、利用する者の利用目的及び当該個人データの管理について責任を有する者の氏名又は名称について、あらかじめ、本人に通知し、又は本人が容易に知り得る状態に置いているとき。

　次の(1)から(3)までの場合については、個人データの提供先は個人情報取扱事業者とは別の主体として形式的には第三者に該当するものの、本人との関係において提供主体である個人情報取扱事業者と一体のものとして取り扱うことに合理性があるため、第三者に該当しないものとしている。

このような要件を満たす場合には、個人情報取扱事業者は、改正法第23条第1項から第3項までの規定にかかわらず、あらかじめの本人の同意または第三者提供におけるオプトアウトを行うことなく、個人データを提供することができる。

(1)　委託（改正法第23条第5項第1号関係）
(2)　事業の承継（改正法第23条第5項第2号関係）
(3)　共同利用（改正法第23条第5項第3号関係）

ア　委託（改正法第23条第5項第1号関係）

　利用目的の達成に必要な範囲内において、個人データの取扱いに関する業務の全部または一部を委託することに伴い、当該個人データが提供される場合は、当該提供先は第三者に該当しない。なお、個人情報取扱事業者には、改正法第22条により、委託先に対する監督責任が課される。

事例1）　データの打込み等、情報処理を委託するために個人データを提供する場合
事例2）　百貨店が注文を受けた商品の配送のために、宅配業者に個人データを提供する場合

イ　事業の承継（改正法第23条第5項第2号関係）

　合併、分社化、事業譲渡等により事業が承継されることに伴い、当該事業に係る個人データが提供される場合は、当該提供先は第三者に該当しない。

事例1）　合併、分社化により、新会社に個人データを提供する場合
事例2）　事業譲渡により、譲渡先企業に個人データを提供する場合

ウ　共同利用（改正法第23条第5項第3号関係）

　特定の者との間で共同して利用される個人データを当該特定の者に提供する場合であって、次の①から⑤までの情報を、提供にあたりあらかじめ本人に通知し、または本人が容易に知り得る状態に置いているときには、当該提供先は、本人から見て、当該個人データを当初提供した事業者と一体のものとして取り扱われることに合理性があると考えられることから、第三者に該当しない。

図表2－8　共同利用の概念図

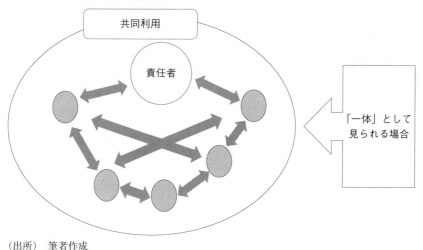

（出所）　筆者作成

①　共同利用をする旨
②　共同して利用される個人データの項目
③　共同して利用する者の範囲
④　利用する者の利用目的
⑤　当該個人データの管理について責任を有する者の氏名又は名称

【共同利用に該当する事例】

事例1） グループ企業で総合的なサービスを提供するために取得時の利用目的の範囲内で情報を共同利用する場合

事例2） 親子兄弟会社の間で取得時の利用目的の範囲内で個人データを共同利用する場合

事例3） 使用者と労働組合または労働者の過半数を代表する者との間で取得時の利用目的の範囲内で従業者の個人データを共同利用する場合

⑷ 個人データの判断基準（提供元基準or提供先基準）

改正法第23条は、個人データを対象とする規律であるところ、その「個人データ」の該当性の判断を提供元を基準にするのか、または、提供先を基準に判断するのかについては、論者により見解が分かれていた。具体的には、氏名等を削除するなどして第三者の立場からは個人を特定することができない状態にした情報を第三者提供する場合において結論が分かれ得る。提供元を基準とする見解に立った場合は同条の義務が課されるが、提供先を基準とする見解に立った場合は、提供先にとっては個人を特定することができない以上、「個人データ」には該当しないことから同条の適用はないものと解される余地があった。この点、政府見解は提供元基準に立っていたところである。

この解釈については、個人情報をビッグデータとして利活用しようとする場面において、一定の障害となる側面があった。これが、本改正によって匿名加工情報制度が新設される背景としてある。

10 オプトアウト手続による個人データの第三者提供に係る届出等（通則GL3－4－2）

法第23条

2　個人情報取扱事業者は、第三者に提供される個人データ（要配慮個人情報を除く。以下この項において同じ。）について、本人の求めに応じて当該本人が識別される個人データの第三者への提供を停止することとしている場合であって、次に掲げる事項について、個人情報保護委員会規則で定めるところにより、あらかじめ、本人に通知し、又は本人が容易に知り得る状態に置くとともに、個人情報保護委員会に届け出たときは、前項の規定にかかわらず、当該個人データを第三者に提供することができる。

一　第三者への提供を利用目的とすること。

二　第三者に提供される個人データの項目

三　第三者への提供の方法

四　本人の求めに応じて当該本人が識別される個人データの第三者への提供を停止すること。

五　本人の求めを受け付ける方法

3　個人情報取扱事業者は、前項第2号、第3号又は第5号に掲げる事項を変更する場合は、変更する内容について、個人情報保護委員会規則で定めるところにより、あらかじめ、本人に通知し、又は本人が容易に知り得る状態に置くとともに、個人情報保護委員会に届け出なければならない。

規則第7条　法第23条第2項又は第3項の規定による通知又は容易に知り得る状態に置く措置は、次に掲げるところにより、行うものとす

る。

　一　第三者に提供される個人データによって識別される本人（次号において「本人」という。）が当該提供の停止を求めるのに必要な期間をおくこと。

　二　本人が法第23条第2項各号に掲げる事項を確実に認識できる適切かつ合理的な方法によること。

2　法第23条第2項又は第3項の規定による届出は、次に掲げる方法のいずれかにより行わなければならない。

　一　個人情報保護委員会が定めるところにより、電子情報処理組織（個人情報保護委員会の使用に係る電子計算機と届出を行う者の使用に係る電子計算機とを電気通信回線で接続した電子情報処理組織をいう。）を使用する方法

　二　別記様式第一による届出書及び当該届出書に記載すべき事項を記録した光ディスク（これに準ずる方法により一定の事項を確実に記録しておくことができる物を含む。以下「光ディスク等」という。）を提出する方法

3　個人情報取扱事業者が、代理人によって法第23条第2項又は第3項の規定による届出を行う場合には、別記様式第二によるその権限を証する書面（電磁的記録を含む。以下同じ。）を個人情報保護委員会に提出しなければならない。

規則第8条　外国にある個人情報取扱事業者は、法第23条第2項又は第3項の規定による届出を行う場合には、国内に住所を有する者であって、当該届出に関する一切の行為につき、当該個人情報取扱事業者を代理する権限を有するものを定めなければならない。この場合において、当該個人情報取扱事業者は、当該届出と同時に、当該個人情報取扱事業者が国内に住所を有する者に、当該届出に関する一切の行為につき、当該個人情報取扱事業者を代理する権限を付与したことを証す

る書面（日本語による翻訳文を含む。）を個人情報保護委員会に提出
しなければならない。

規則第9条　法第23条第4項の規定による公表は、同条第2項又は第3
項の規定による届出があった後、遅滞なく、インターネットの利用そ
の他の適切な方法により行うものとする。

規則第10条　個人情報取扱事業者は、法第23条第4項の規定による公表
がされた後、速やかに、インターネットの利用その他の適切な方法に
より、同条第2項に掲げる事項（同項第2号、第3号又は第5号に掲
げる事項に変更があったときは、変更後の当該各号に掲げる事項）を
公表するものとする。

(1)　概　　要

　オプトアウトによる第三者提供とは、第三者に提供される個人データにつ
いて、本人の求めに応じて提供を停止することとしている場合であって、あ
らかじめ、第三者への提供を利用目的とすること、提供するデータ項目、提
供方法、求めに応じて提供を停止する旨を本人に通知し、または本人が容易
に知り得る状態に置いた上で（以下「通知等」という）、本人の同意を得る
ことなく第三者に提供することをいい、改正前の個情法の第23条第2項で規
定されているものである。

【オプトアウトによる第三者提供の事例】
事例）住宅地図業者（表札や郵便受けを調べて住宅地図を作成・販売）
　　　やデータベース事業者（ダイレクトメール用の名簿等を作成・販売）

　改正法では、次のように通知等の事項に「本人の求めを受け付ける方法」

が追加された上で（改正法第23条第2項第5号）、通知等について規則で定める方法により行うこと、委員会に対して、規則で定める方法により届出を行うこと、委員会は規則で定める方法により届出事項を公表することとされている。

　なお、要配慮個人情報は、オプトアウトにより第三者に提供することはできず、第三者に提供するにあたっては、改正法第23条第1項各号または第5項各号に該当する場合以外は、必ずあらかじめ本人の同意を得る必要があるので、注意を要する。仮に、これに違反して、要配慮個人情報を含む個人データを、オプトアウトにより第三者に提供した場合の規律については、本章4(7)「取得・提供規制に違反した場合の規律」を参照。

---

(1)　第三者への提供を利用目的とすること。

(2)　第三者に提供される個人データの項目

　　事例1）氏名、住所、電話番号、年齢

　　事例2）氏名、商品購入履歴

(3)　第三者への提供の方法

　　事例1）書籍（電子書籍を含む。）として出版

　　事例2）インターネットに掲載

　　事例3）プリントアウトして交付

　　事例4）各種通信手段による配信

　　事例5）その他外部記録媒体の形式での交付

(4)　本人の求めに応じて第三者への提供を停止すること。

(5)　本人の求めを受け付ける方法

　　　本人が求めを行う連絡先（事業者名、窓口名、郵送先住所又は送信先メールアドレス等。当該個人情報取扱事業者が外国に本拠地を置く場合においては国内代理人の氏名、連絡先等。）が含まれる。

　　事例1）郵送

　　事例2）メール送信

事例3）ホームページ上の指定フォームへの入力

事例4）事業所の窓口での受付

事例5）電話

(2) 法律構成の再検討

　金融分野のみではないが、改正前の個情法下における事業者において、実質的に「本人の同意」を得ていると評価し得る場面、実質的に「委託」または「共同利用」による提供を行っていると評価し得る場面、また、「個人データ」には該当しない「個人情報」を提供している場面などで、あえて、オプトアウトによる第三者提供方式を採用していた実態があったようである。

　改正前の個情法では、オプトアウトよる第三者提供を行う場合でも、特段、届出義務などが課されていなかったため、オプトアウトによる第三者提供という法律構成を採用することも、実際上、特段支障はなかったものと思われる。

　ただし、改正法の全面施行日後は、いわゆる名簿業者対策という趣旨のもとで、委員会に対する届出義務、委員会による公表が規定されている。したがって、金融分野における個人情報取扱事業者においても、これまで「オプトアウトによる第三者提供」の法律構成を採用していた場面でも、再度、法律構成を再検討することが考え得る。

　この点、委員会においてもウェブサイトで、次のような場面では、「オプトアウトによる第三者提供」としての届出は不要であることを明確にしている（図表2-9参照）。

✓本人から同意を得ている場合

✓個人データに該当しない個人情報を第三者提供する場合

> ✓業務の委託、事業の承継、共同利用を行う場合

図表2-9　オプトアウト手続の概要

[個人情報保護法の改正に伴うオプトアウト手続に係る個人情報保護委員会への届出について]

> ●オプトアウト手続により個人データを第三者提供しようとする者は、オプトアウト手続を行っていること等を個人情報保護委員会へ届け出ることが必要となります。いわゆる名簿業者による個人データの不正流通対策となるものです。
> ●届け出をした内容はインターネット等の方法により、公表しなければなりません。また、個人情報保護委員会においても届出に係る事項を公表します。

○オプトアウト手続とは（法第23条第2項）

> 第三者に提供される個人データについて、本人の求めに応じて提供を停止することとしている場合であって、あらかじめ、以下の項目について、本人に通知し、又は本人が容易に知り得る状態に置いた上で、本人の同意を得ることなく第三者に提供することをいいます。
> 　・個人データを第三者に提供する旨
> 　・提供する個人データの項目
> 　・提供方法
> 　・本人の求めに応じて提供を停止する旨
> 　・本人の求めを受け付ける方法

○個人情報保護委員会への届出の方法

> ①届出書及び当該届出書に記載するべき事項を記録したCD-Rの両方を提出
> 　（※1）　届出書様式及び記入要領は個人情報保護委員会HPに掲載しています。
> 　（※2）　届出書は個人情報保護委員会HPからダウンロードした届出書様式のみ受け付けます。

○**主な対象者は、いわゆる名簿業者です。**名簿業者以外の事業者が届出が必要となるかは個別の判断となりますが、以下のような場合、法第23条第2項に基づくオプトアウト手続を行う必要はありません。

> ✓**本人から同意を得ている場合**
> 【事例1】：本人からの同意する旨の口頭による意思表示
> 【事例2】：本人からの同意する旨の書面（電磁的記録を含む。）の受領
> 【事例3】：本人による同意する旨の確認欄へのチェック
> 【事例4】：自治会又は同窓会の会員名簿を作成する場合に「名簿に掲載される会員に対して配布するため」と伝えた上で任意で個人情報を提出してもらった時
> 【事例5】：有効な約款に同意条項がある場合

【事例6】：本人から取引の媒介を委託された事業者が、相手先の候補となる複数の事業者に、必要な範囲の情報を提供する場合

✓個人データに該当しない個人情報を第三者提供する場合
「個人データ」とは、「個人情報データベース等」（※3）を構成する個人情報をいいます。
（※3）「個人情報データベース等」とは、特定の個人情報をコンピュータを用いて検索することができるように体系的に構成した、個人情報を含む情報の集合物等をいいます。また、コンピュータを用いていない場合であっても、紙面で処理した個人情報を一定の規則（例えば、五十音順等）に従って整理・分類し、特定の個人情報を容易に検索することができるよう、目次、索引、符号等を付し、他人によっても容易に検索可能な状態に置いているものも該当します。
【事例】：個人情報データベース等を構成する前の入力用の帳票等に記載されている個人情報

✓業務の委託、事業の承継、共同利用を行う場合
【事例1】：データの打ち込み等、情報処理を委託するために個人データを提供する場合
【事例2】：グループ企業で総合的なサービスを提供する為に取得時の利用目的の範囲内で情報を共同利用する場合

（出所）　個人情報保護委員会ウェブサイト

　また、実務上、いったん取得した同意について後から撤回の申出を受け付けることについて、“オプトアウト”という表現を利用することもあった。しかし、この「撤回」とは改正法第23条第2項のオプトアウトによる第三者提供とは異なるものである。
　この点について、次のQ&Aを示している。

Q5−22　サービスの提供の申込の際に、申込者から申込書・約款等で包括的に同意を得ながらも、事後的に当該同意の撤回を申し出ることができるようにしています。この場合、法第23条第2項・第3項に規定する手続に則る必要がありますか。

A5−22　第三者提供について法第23条第1項に基づく本人の同意を得ている場合には、法第23条第2項・第3項の義務は適用されないた

め、同項に規定する手続に則る必要はありません。

(3) オプトアウトによる第三者提供の手続要件

ア 通知等の方法（規則第7条）

通知等の方法については、「本人が提供の停止を求めるのに必要な期間をおくこと」「本人が第三者に提供される個人データの項目等の法定事項を確実に認識できる適切かつ合理的な方法によること」としている。なお、通知等の事項を変更する場合も同様である（規則第7条第1項）。

(ア) 「本人が提供の停止を求めるのに必要な期間をおくこと」

通則GLにおいては、きわめて短期間の後に、第三者提供を行ったような場合は、「本人が当該提供の停止を求めるのに必要な期間」を置いていないと判断され得る旨を記載している。

具体的な期間については、業種、ビジネスの態様、通知または容易に知り得る状態の態様、本人と個人情報取扱事業者との近接性、本人から停止の求めを受け付ける体制、提供される個人データの性質などによっても異なり得るため、個別具体的に判断する必要がある。

> **Q5-23** 「本人…が当該提供の停止を求めるのに必要な期間をおくこと」（施行規則第7条第1項第1号）の「必要な期間」とは、いつから起算しますか。また、満了点はいつですか。
>
> **A5-23** 「必要な期間」は、個人情報取扱事業者が法第23条第2項に基づき、本人に通知し、又は本人が容易に知り得る状態に置いた時点から起算します。また、この「必要な期間」の満了点は、オプトアウトによる第三者提供を行う前である必要があります。

また、「本人に通知し、又は本人が容易に知り得る状態に置く」時期と、「委員会に届け出」る時期は、必ずしも同時である必要はないが、本人に通

知し、または本人が容易に知り得る状態に置いた後、速やかに委員会に届け出ることが望ましい。

㈣ 「本人が確実に認識できる適切かつ合理的な方法によること」

通則GLでは、この「本人が確実に認識できる適切かつ合理的な方法」に該当する事例として、「本人が閲覧することが合理的に予測される個人情報取扱事業者のホームページにおいて、本人が分かりやすい場所（例：ホームページのトップページから1回程度の操作で到達できる場所等）に法に定められた事項を分かりやすく継続的に掲載する場合」などを記載している。

事例1）本人が閲覧することが合理的に予測される個人情報取扱事業者のホームページにおいて、本人が分かりやすい場所（例：ホームページのトップページから1回程度の操作で到達できる場所等）に法に定められた事項を分かりやすく継続的に掲載する場合

事例2）本人が来訪することが合理的に予測される事務所の窓口等への掲示、備付け等が継続的に行われている場合

事例3）本人に頒布されている定期刊行物への定期的掲載を行っている場合

事例4）電子商取引において、商品を紹介するホームページにリンク先を継続的に表示する場合

イ　委員会への届出方法等（改正法第23条第2項～第4項、規則第7条～第9条）

委員会への事前の届出は、届出書および当該届出書に記載すべき事項を記録したCD-R等を提出する方法により行わなければならないこととしている（図表2−10参照）。届け出た事項を変更する場合も同様である。

外国にある個人情報取扱事業者は、委員会への事前の届出を行う場合には、国内に住所を有する者であって、当該届出に関する一切の行為につき、当該個人情報取扱事業者を代理する権限を有するものを定めるとともに、当該届出と同時に、代理権限を証する書面を委員会に提出しなければならない

こととしている（規則第8条）。個人情報取扱事業者が外国にある場合でも、委員会が適切に監督権限を行使することを担保する趣旨である。なお、本章11「域外適用（通則GL6－1）」参照。

委員会は、委員会への事前の届出があった後、遅滞なく、インターネットの利用その他の適切な方法により当該届出に係る事項を公表することとしている（改正法第23条第4項、規則第9条）。

図表2－10　届出書ファイル・委任状

別記様式第一（第七条第二項、附則第二条第一項及び附則第七条第一項関係）

届出日	
届出番号	－

届出書

（個人情報の保護に関する法律（第23条第2項・第23条第3項）・個人情報の保護に関する法律及び行政手続における特定の個人を識別するための番号の利用等に関する法律の一部を改正する法律（平成27年法律第65号）附則第2条）の規定により、次のとおり届け出ます。

平成　　年　　月　　日

個人情報保護委員会　殿

届出者の氏名又は名称

印

住所又は居所

1．届出をする個人情報取扱事業者（以下「届出者」という）の概要

新規又は変更の別	（元の届出番号　　　　　　　　　　）
個人又は法人等の別	
届 出 者 の 氏 名 又 は 名 称	（フリガナ）
法人番号（13桁）	

届 出 者 の 住 所 又 は 居 所	
	電話　　　（　　　）
代 表 者 の 氏 名 （届出者が法人等 の 場 合 に 限 る）	（フリガナ）
事務連絡者の氏名	（フリガナ）
	電話　　　（　　　） E-mail

2．届出項目

(1)　□　本人の求めに応じて本届出書に係る当該本人が識別される個人デー
タの第三者への提供を停止すること。

（□内に印を付けること。）

(2)　第三者への提供を利用目的としていること。

(3) 第三者に提供される個人データの項目

(4) 第三者への提供の方法

(5) 本人の求めを受け付ける方法 （該当するもの全ての□内に印をつけること）

□郵送	（宛先： ）
□受付窓口	（住所： ）
□電話	（番号： ）
□WEB	（URL： ）
□その他	（ ）

3．本届出書に係る個人データの第三者への提供を開始する予定日
【平成　　年　　月　　日】

4．個人情報保護委員会による公表に関する希望（いずれかの□内に印をつけること。）
　　　□希望なし（届出日以後、速やかに公表）
　　　□次の理由により、【平成　　年　　月　　日】以降の公表を希望
　　　　（公表日を指定する理由：

　　　　　　　　　　　　　　　　　　　　　　　　　　　　　　　　）

5．□本届出書に係る個人データの第三者への提供が、法令等に抵触するものではないこと。
　　（□内に印をつけること。）

6．添付書類（□内に印をつけること。）
　　　□委任状（代理人により届出を行う場合に限る。）

記載要領
　1．最上段の届出日及び届出番号の欄には記載しないこと。
　2．数字を付した欄は、該当する数字を○で囲むこと。
　3．「法人番号」とは行政手続における特定の個人を識別するための番号の
　　　利用等に関する法律（平成25年法律第27号）第2条第15項に規定する
　　　「法人番号」を指す。なお、法人番号を記載する欄に、同条第5項に規定

する「個人番号」を記載しないこと。

4．「法人等」には、法人格を有しない団体等も含まれる。

5．届出日は、本届出書が個人情報保護委員会に到達した日を指す。

6．2．(2)の欄には、個人情報の保護に関する法律第18条第1項の規定により、本人に通知し、若しくは公表した利用目的又は同条第2項の規定により、本人に対して明示した利用目的の該当箇所を記載すること。

7．「法令等」には個人情報の保護に関する法律も含まれる。例えば要配慮個人情報を同法第23条第2項の規定により第三者に提供することはできない。

8．本届出書には届出者により記名押印又は署名をすること。

9．用紙の大きさは、日本工業規格A4とすること。

別記様式第二（第7条第3項、附則第2条第2項及び附則第7条第2項関係）

委 任 状

代理人所在地又は住所

代理人名称又は氏名

代理人連絡先（部署名）

　上記の者を代理人とし、（個人情報の保護に関する法律（第23条第2項・第23条第3項）・個人情報の保護に関する法律及び行政手続における特定の個人を識別するための番号の利用等に関する法律の一部を改正する法律（平成27年法律第65号）附則第2条）の規定による届出手続に関する一切の権限を委任します。

平成　　　年　　　月　　　日

委任者所在地又は住所

委任者名称又は氏名　　　　　　　　　　　　　　　　　　㊞

委任者連絡先（部署名）

（出所）　個人情報保護委員会ウェブサイト

ウ 個人情報取扱事業者自身による公表 (規則第10条)

　個人情報取扱事業者は、インターネットの利用その他の適切な方法により、第三者に提供される個人データの項目等の法定事項（変更があったときは、変更後の事項）を公表するものとしている。

　基本的には「インターネットの方法」による「公表」が望ましいが、個人情報取扱事業者の特性、本人との近接性などにより、当該方法以外の適切な方法による公表も可能である。

　Q5−24　法第23条第2項各号に係る事項をインターネットで「本人が容易に知り得る状態」に置いている場合、個人情報保護委員会への届出をした後、改めて、施行規則第10条に基づき、公表しなければなりませんか。

　A5−24　個人情報取扱事業者が、法第23条第2項各号に係る事項をインターネットで「本人が容易に知り得る状態」に置いている場合には、実質的に施行規則第10条を履行しているものと考えられますので、別途、公表をする必要はありません。

　個人情報取扱事業者は、改正法第23条第2項に基づきオプトアウトにより個人データの第三者提供を行っている場合であって、提供される個人データの項目、提供の方法または第三者への提供を停止すべきとの本人の求めを受け付ける方法を変更する場合は、変更する内容について、変更にあたってあらかじめ、本人に通知し、または本人が容易に知り得る状態に置くとともに、委員会に届け出なければならない。

　なお、個人情報取扱事業者は、改正法第23条第3項に基づき、必要な事項を委員会に届け出たときは、その内容を自らも公表するものとしている。

域外適用（通則GL6－1）

> **法第75条** 第15条、第16条、第18条（第2項を除く。）、第19条から第25
> 条まで、第27条から第36条まで、第41条、第42条第1項、第43条及び
> 次条の規定は、国内にある者に対する物品又は役務の提供に関連して
> その者を本人とする個人情報を取得した個人情報取扱事業者が、外国
> において当該個人情報又は当該個人情報を用いて作成した匿名加工情
> 報を取り扱う場合についても、適用する。

(1) 概　　要

　外国にある個人情報取扱事業者のうち、日本の居住者等国内にある者に対
して物品やサービスの提供を行い、これに関連してその者を本人とする個人
情報を取得した者が、外国においてその個人情報または当該個人情報を用い
て作成した匿名加工情報を取り扱う場合には、当該外国にある個人情報取扱
事業者に対して改正法に定める次の(1)から(9)までに掲げる規定が適用される
（図表2－11参照）。なお、改正法第75条には明記されていないが、改正法第
17条（適正取得）および改正法第18条第2項（直接書面等による取得）の規

図表2－11　改正法による域外適用規定の新設

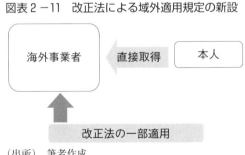

（出所）　筆者作成

定については、個人情報の取得の行為の重要部分は国内において行われることから、適用されるものと解される。

---

(1) 利用目的の特定等（改正法第15条関係）

(2) 利用目的による制限（改正法第16条関係）

(3) 利用目的の通知又は公表（改正法第18条関係。ただし同条第2項を除く。）

(4) データ内容の正確性の確保等、安全管理措置、従業者の監督、委託先の監督、第三者提供の制限、外国にある第三者への提供の制限、第三者提供に係る記録の作成等（改正法第19条〜第25条関係）

(5) 保有個人データに関する事項の公表等、開示、訂正等、利用停止等、理由の説明、開示等の請求等に応じる手続、利用目的の通知の求め又は開示請求に係る手数料、苦情処理、匿名加工情報の作成等（改正法第27条〜第36条関係）

(6) 指導及び助言（改正法第41条関係）

(7) 勧告（改正法第42条第1項関係）

(8) 個人情報保護委員会の権限の行使の制限（改正法第43条関係）

(9) 適用除外（改正法第76条関係）

なお、立入検査、報告徴収、命令などの強制力を有する規定については、他国の主権に抵触するおそれがあることから、適用されない。

また、刑事罰についても改正法第75条の範囲外である。なお、刑事罰の国外犯への適用については第4章2(3)「国外犯（改正法第86条）」を参照。

Q8−2 外国で活動する事業者ですが、日本にいる者に対して音楽の配信サービスを提供するために本人から個人情報を取得する場合、その個人情報の取扱いについて個人情報保護法は適用されますか。また、日本の別の事業者から個人情報を取得する場合はどうなります

か。

A8－2　一般に、国の法令の効力は外国には及びません。しかし、我が国の消費者を保護する観点より平成27年改正により導入された法第75条に基づき、外国にある個人情報取扱事業者のうち、日本にいる者に対して物品やサービスの提供を行い、これに関連して本人から個人情報を取得した者が、外国においてその個人情報を取り扱う場合は、個人情報保護法のうち、一部の規定が適用されます。適用される規定については、ガイドライン（通則編）の「6－1　域外適用」を参照ください。

　　一方、外国にある事業者が本人以外の第三者から当該本人の個人情報を取得する場合には、原則どおり、当該事業者には個人情報保護法の規定は適用されません。ただし、外国にある事業者に個人データを提供する国内の個人情報取扱事業者には、法第24条が適用されます。

⑵　具体例

　通則GLでは、例えば、次の具体例を示している。

例①「日本に支店や営業所等を有する個人情報取扱事業者が外国にある本店において個人情報又は匿名加工情報（以下「個人情報等」という）を取り扱う場合」

例②「日本において個人情報を取得した個人情報取扱事業者が海外に活動拠点を移転した後に引き続き個人情報等を取り扱う場合」

例③「外国のインターネット通信販売事業者が、日本の消費者からその個人情報を取得し、商品を販売・配送する場合」

例④「外国のメールサービス提供事業者が、アカウント設定等のために日本の消費者からその個人情報を取得し、メールサービスを提供する場合」

　　1つ目の例から、金融分野においても、外国に本社を有する事業者が、日本国内に支店・営業出張所を有する場合（同一法人格）のケースが当てはま

り得ることが明確になっている。

(3) 改正法第24条との関係

　個人情報が越境移転する場合に適用され得る規定として、改正法第24条と改正法第75条があるため、この2つの規定の適用場面を明確にする必要がある。

　この点、基本的には、外国にある個人情報取扱事業者が本人から個人情報を原始取得する場合には改正法第75条、二次取得する場合には改正法第24条が適用されることになる。

図表2－12　改正法第24条と改正法第75条の適用関係

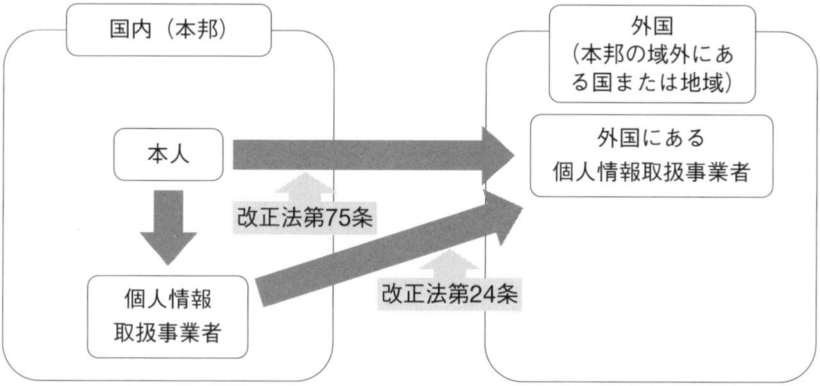

（出所）　筆者作成

　このように、両条が同時に適用されることは想定されていない。なお、図表2－12では、個人情報が外国で取得されるケースのみを表しているが、例えば国内で個人情報を取得した事業者が海外に移転する場合も改正法第75条の対象となり得る（上記(2)「具体例」例②）。

　また、例えば、外国事業者が国内事業者に日本国内にある者の個人情報の取得行為を委託した場合において、当該国内事業者が取得した個人情報を委託により当該外国事業者に提供するときは、改正法第75条ではなく、改正法

第24条が適用されるものと考えられる。

(4)　個人を相手とする場合

　改正法第75条は、「国内にある者に対する物品又は役務の提供に関連してその者を本人とする個人情報を取得」する場合に適用されると規定しているため、文言上、個人を相手とする場合に同条の適用があることになる。言い換えれば、法人に対する物品または役務の提供に関連して個人情報を取得することがあっても、基本的に同条は適用されないこととなる。

　例えば、金融機関においても、自社グループの海外拠点が、ホールセールビジネスとして、国内企業に対し直接、金融サービスを提供し当該国内企業の担当者の個人情報を取得する場合があるものと考えられる。このような場合は、個人に対する物品または役務の提供には当たらないため、基本的には改正法第75条の適用はないことになる。

(5)　グループ企業内の海外拠点

　上記においても言及したが、金融機関において、自社グループの海外拠点が直接国内の個人投資家から個人情報を取得する場合があるものと考えられる。

　この場合には、改正法第75条が適用され得る。

　ただし、海外拠点に対して改正法第75条が適用される場合においても、当該海外拠点が同条に規定される各義務を常にすべて履行しなければならないわけではなく、本人とより近い距離にある同一グループ内の国内事業者が代わりに同義務を履行することも可能である。各金融機関においては、あらかじめ、どのように対応をするかは、グループ全体として体制を適切に構築する必要があるものと考えられる。

12 外国にある第三者への提供

> **法第24条** 個人情報取扱事業者は、外国（本邦の域外にある国又は地域をいう。以下同じ。）（個人の権利利益を保護する上で我が国と同等の水準にあると認められる個人情報の保護に関する制度を有している外国として個人情報保護委員会規則で定めるものを除く。以下この条において同じ。）にある第三者（個人データの取扱いについてこの節の規定により個人情報取扱事業者が講ずべきこととされている措置に相当する措置を継続的に講ずるために必要なものとして個人情報保護委員会規則で定める基準に適合する体制を整備している者を除く。以下この条において同じ。）に個人データを提供する場合には、前条第1項各号に掲げる場合を除くほか、あらかじめ外国にある第三者への提供を認める旨の本人の同意を得なければならない。この場合においては、同条の規定は、適用しない。

(1) 概　要

　改正前の個情法第23条は、第三者に対する個人データの提供に関するルールを定めてはいたが、第三者が国内にあるのか、外国にあるのかの区別をしていなかった。よって、外国事業者に個人データを提供する場合においても、国内事業者が提供先である場合と同様に、同条が適用されることとなっていた。しかし、経済・社会活動のグローバル化および情報通信技術の進展に伴い、個人情報を含むデータの国境を越えた流通が増加しており、外国への個人データの移転について一定の規律を設ける必要性が増大してきたこと、また個人情報の保護に関する国際的な枠組み等との整合を図ることを理由に、改正法第24条に新たに外国にある第三者に対する個人データの提供に

関する規定が設けられた。

　具体的には、外国にある第三者へ個人データを提供するためには、次の①から④までに掲げる場合に該当することが求められる。

---

① 　外国にある第三者へ提供することについて本人の同意がある場合
② 　外国にある第三者が規則で定める基準に適合する体制を整備している場合
③ 　外国にある第三者が規則で定める国に所在する場合
④ 　改正法第23条第1項各号のいずれかに該当する場合

　図表2－13は、外国にある第三者に個人データを提供する方法と改正法第24条の適用関係について整理したものである。

図表2－13　改正法第24条の構造

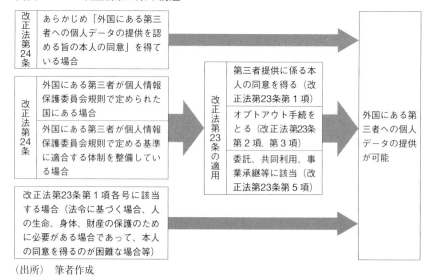

（出所）　筆者作成

　改正法第24条の解釈、運用については、改正法の国会における審議を踏ま

え、事業者に対して新たな規制を課するものではなく、事業者において改正前の個情法下において適切に行われていた個人情報の取扱いを追認するものである必要がある。

【平成27年5月8日　第189回衆議院内閣委員会　第4号】

〈平副大臣〉

　（略）外国の第三者への提供等を禁止する規定を新たに設けるものではなく、現在の企業等において適切に行われている個人情報の取り扱いを追認し、明確にするものでございます。

　また、衆議院内閣委員会における附帯決議（平成27年5月20日）および参議院内閣委員会における附帯決議（平成27年8月27日）を踏まえ、海外における個人情報の保護を図りつつ、国境を越えた個人情報の移転を不当に阻害しないよう現実的な規制を構築する必要がある。

【衆議院内閣委員会における附帯決議（平成27年5月20日）】

1～2　（略）

3　国境を越えた個人情報の移転は、合理的で安全なサービスの提供を可能にし、社会に裨益するものであることを踏まえ、海外における個人情報の保護を図りつつ、国境を越えた個人情報の移転を不当に阻害しないよう必要な措置を講ずること。

（略）

【参議院内閣委員会における附帯決議（平成27年8月27日）】

1～2　（略）

3　国境を越えた個人情報の移転は、合理的で安全なサービスの提供を可能にし、社会に役立つものであることを踏まえ、海外における個人情報の保護を図りつつ、個人情報の移転を不当に阻害しないよう必要

な措置を講ずること。

（略）

　これらの立場に立ち、外国GLにおいては、上記の①から④に掲げる各場合について、考え方、具体例等を示している。

（2）　改正法第23条との関係

　改正法第24条は、改正法第23条の特則である。外国にある第三者に対する個人データの提供が、改正法第23条に規定する方法のいずれにより行われるかによって、改正法第24条の適用のいかんが決まる。具体的には、図表2－14のとおりである。

図表2－14　個人データを提供する方法と改正法第24条の適用関係

提供の方法 （法第23条） 〔法第24条〕	【外国にある第三者への提供を認める旨の本人の同意】	【規則で定める基準に適合する体制を整備】	【規則で定められた国】
(1)　本人の同意 （法第23条第1項柱書）	Ⅰ	Ⅰ	Ⅰ
(2)　オプトアウト （法第23条第2項）	― （注）	Ⅰ	Ⅰ
(3)　委託、事業承継、共同利用（法第23条第5項各号）	Ⅰ	Ⅰ	Ⅰ
(4)　改正法第23条第1項各号に掲げる場合（法第23条第1項各号）	Ⅱ	Ⅱ	Ⅱ

【凡例】　Ⅰ：法第24条の該当の措置を講ずる必要がある。Ⅱ：法第24条の該当の措置を講ずる必要はない。
（注）　法第23条第2項に基づくオプトアウトによる個人データの第三者提供は、本人の同意を得ないことを前提としているため、この項目は該当なしとなる。
（出所）　外国GL

ア 本人の同意に基づき提供する方法（改正法第23条第1項柱書）

当該同意が改正法第24条の「外国にある第三者への提供を認める旨の本人の同意」に該当する場合には、外国にある第三者に提供することができる。他方、当該同意が同条の「同意」に該当しない場合には、上記(1)の②または③の場合に該当するときに、外国にある第三者に提供することができる。

なお、本人から取得した同意が改正法第24条の「同意」に該当するか否かについては、本章12(4)「①外国にある第三者へ提供することについて本人の同意がある場合（外国GL 2 - 1 ）」を参照。

イ オプトアウトにより提供する方法（改正法第23条第2項）

上記(1)の②または③の場合に該当する場合に、外国にある第三者に提供することができる。

ウ 委託、事業承継または共同利用に伴って提供する方法（改正法第23条第5項各号）

改正法第24条の「外国にある第三者への提供を認める旨の本人の同意」を得た場合、または上記(1)の②または③の場合に該当する場合に、外国にある第三者に提供することができる。

エ 改正法第23条第1項各号に掲げる場合により提供する方法

改正法第24条の「外国にある第三者への提供を認める旨の本人の同意」を得ることなく、上記(1)の②または③の場合に該当しない場合においても、外国にある第三者に提供することができる。

委託契約などに基づいて個人データを提供する場合、改正法第23条との関係では、「第三者」に該当しないため同条の規律は適用されないものとされている（改正法第23条第1項「…第三者に該当しないものとする。」。この点につき改正法による影響はない）。他方、改正法第24条との関係では、「第三者」から除外されることなく、同条の規律が及ぶこととされている点に留意が必要である。

　ただし、この場合であっても、委託先の外国事業者が「規則で定める基準
に適合する体制を整備」していれば、本人の同意なく提供することができる
（規則第11条第1号）。そして、この「体制」の内容は外国GLにおいて詳し
く示されているが（本章12(5)「②外国にある第三者が規則で定める基準に適
合する体制を整備している場合（外国GL3-1、3-2）」）、その内容を見
れば、改正法第24条がまさしく改正前の個情法下での体制を追認する形で解
釈・運用されることが明確にされていることがわかる。

(3)　改正法第24条の適用の有無──「外国にある第三者」

　改正法第24条が適用されるケースは、「外国にある第三者」に対して、個
人データを提供した場合である。この「外国にある第三者」に該当するか否
かは、まず、「第三者」、すなわち、本人または（提供主体の）個人情報取扱
事業者以外の別（法）人格であるか（第一段階）、次に、その第三者が「外
国にある」第三者であるか（第二段階）、によって判断することになる。そ
こで、以下、各段階に分けて説明する。

ア　「第三者」の該当性

　「外国にある第三者」の「第三者」とは、個人データを提供する個人情報
取扱事業者と当該個人データによって識別される本人以外の者であり、外国
政府などもこれに含まれる。

　具体的には、次のように該当性が判断される。

法人の場合、個人データを提供する個人情報取扱事業者と別の法人格を有するかどうかで第三者に該当するかを判断する。

例えば、日本企業が、外国の法人格を取得している当該企業の現地子会社に個人データを提供する場合には、当該日本企業にとって「外国にある第三者」への個人データの提供に該当するが（次の「イ」も満たすことが前提）、現地の事業所、支店など同一法人格内での個人データの移動の場合には「外国にある第三者」への個人データの提供には該当しない。

なお、この場合、そもそも「第三者」に該当しないことから、改正法第24条のみならず、改正法第23条も適用されない。

> 事例）外資系企業の日本法人が外国にある親会社に個人データを提供する場合、当該親会社は「外国にある第三者」に該当する。

イ 「外国にある」第三者の該当性

外国の法令に準拠して設立され外国に住所を有する外国法人であっても、当該外国法人が改正法第2条第5項に規定する「個人情報取扱事業者」に該当する場合には、「外国にある第三者」には該当しない。例えば、外国法人であっても、日本国内に事務所を設置している場合、または、日本国内で事業活動を行っている場合など、日本国内で「個人情報データベース等」を事業の用に供していると認められるときは、当該外国法人は、「個人情報取扱事業者」に該当するため、「外国にある第三者」には該当しない。

なお、このように「第三者」に該当しても、「外国にある第三者」に該当しない場合は、原則の規定である改正法第23条が適用されることとなる。

> 事例）日系企業の東京本店が外資系企業の東京支店に個人データを提供する場合、当該外資系企業の東京支店は「個人情報取扱事業者」に該当し、「外国にある第三者」には該当しない。

ウ　金融分野においての具体例

　金融分野においては、外国に本社を持ちつつ、銀行法（昭和56年法律第59号）上の免許に基づいて日本国内に支店を構えている金融機関も上記の「事例」と同様の整理が当てはまるものと考えられる。

　他方で、支店までの形態は構えず、出張所のようなものを置いている場合もあり得る。「支店」か「出張所」かで基本的な考え方が異なるわけではないが、事業の実態に照らして、日本国内で個人情報データベース等を事業の用に供していると認められるか否かで改正法第24条の「外国にある第三者」に該当するか否かが決まることとなる。この点に関連して、次のQ&Aでも同旨の見解を示している。

Q9-7　国内事業者が外国事業者に個人データを提供する場合、当該外国事業者が日本に出張所を有する場合、「外国にある第三者」に提供したこととなりますか。

A9-7　個人データの提供先が個人情報取扱事業者に該当する場合には、「外国にある第三者」に提供したこととはなりません。個人情報取扱事業者の該当性は、事業の実態を勘案して、日本国内で個人情報データベース等を事業の用に供していると認められるか否かを個別の事例ごとに判断することとなるため、国内に出張所を有することのみをもって当該外国事業者が個人情報取扱事業者に該当するわけではありません。

⑷　①外国にある第三者へ提供することについて本人の同意がある場合（外国GL2-1）

　個々の事例ごとに判断されるべきではあるが、改正法第24条において求められる本人の同意を取得する場合、本人の権利利益保護の観点から、外国にある第三者に個人データを提供することを明確にしなければならない。

図表2－15　改正法第24条の鳥瞰図

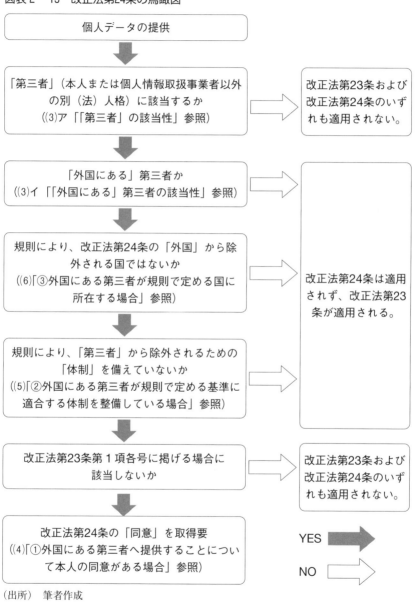

個人データの提供

↓

「第三者」（本人または個人情報取扱事業者以外の別（法）人格）に該当するか
（(3)ア「「第三者」の該当性」参照）

→ 改正法第23条および改正法第24条のいずれも適用されない。

↓

「外国にある」第三者か
（(3)イ「「外国にある」第三者の該当性」参照）

↓

規則により、改正法第24条の「外国」から除外される国ではないか
（(6)「③外国にある第三者が規則で定める国に所在する場合」参照）

→ 改正法第24条は適用されず、改正法第23条が適用される。

↓

規則により、「第三者」から除外されるための「体制」を備えていないか
（(5)「②外国にある第三者が規則で定める基準に適合する体制を整備している場合」参照）

↓

改正法第23条第1項各号に掲げる場合に該当しないか

→ 改正法第23条および改正法第24条のいずれも適用されない。

↓

改正法第24条の「同意」を取得要
（(4)「①外国にある第三者へ提供することについて本人の同意がある場合」参照）

YES ▶
NO ⇨

（出所）　筆者作成

外国GLにおいては、本人の同意を得る際には、事業の性質および個人情報の取扱状況に応じ、本人が同意に係る判断を行うために必要と考えられる合理的かつ適切な方法によらなければならないとしている。

　この「合理的かつ適切な方法」には、提供先の国名を個別に示す方法、実質的に本人から見て提供先の国名を特定できる方法とともに、国名を特定する代わりに外国にある第三者に提供する場面を具体的に特定する方法などが含まれる。

　まず、改正法第24条の「本人の同意」に関連して、次の2つのQ&Aを示している。

Q9−2　本人の同意を取得する際には、外国にある第三者への提供であることを明確にしなければならないとされていますが、常に提供先の国名を個別に示す必要はありますか。

A9−2　外国にある第三者への提供を認める旨の本人の同意を取得する際には、事業の性質及び個人データの取扱状況に応じ、当該本人が当該同意に係る判断を行うために必要と考えられる適切かつ合理的な方法によらなければなりません。この方法には、提供先の国又は地域名（例：米国、EU加盟国）を個別に示す方法、実質的に本人からみて提供先の国名等を特定できる方法（例：本人がサービスを受ける際に実質的に本人自身が個人データの提供先が所在する国等を決めている場合）、国名等を特定する代わりに外国にある第三者に提供する場面を具体的に特定する方法などが含まれ得ます。

Q9−3　法第24条の同意を本人から取得する方法のうち、実質的に本人からみて提供先の国名等を特定できる方法とはどういう例がありますか。

A9−3　本人がサービスを受ける際に実質的に本人自身が個人データの提供先が所在する国等を決めている場合を指します。例えば、本人

が日本の旅行会社に外国旅行を申し込んだ場合に、当該旅行会社が当該国の宿泊先に当該本人の情報を提供することは、当該国の記載がなくても、実質的に本人からみて提供先の国名を特定できるものと考えられます。

　なお、改正法の全面施行日前に既に外国にある第三者に対して個人データが提供された場合について、改めて改正法第24条の同意が必要となるものではない。

　他方、改正法の全面施行日前になされた本人の個人情報の取扱いに関する同意がある場合において、その同意が改正法第24条の規定による個人データの外国にある第三者への提供を認める旨の同意に相当するものであるときは、同条の同意があったものとみなされる（改正法附則第3条）。

（外国にある第三者への提供に係る本人の同意に関する経過措置）
法附則第3条　施行日前になされた本人の個人情報の取扱いに関する同意がある場合において、その同意が新個人情報保護法第24条の規定による個人データの外国にある第三者への提供を認める旨の同意に相当するものであるときは、同条の同意があったものとみなす。

　例えば、金融分野における個人情報取扱事業者においても、顧客との間の法律関係を規定する約款において、既に海外機関などへの提供について同意する旨を規定している場合には、改正法の全面施行日後においても、追加の対応は不要である。

(5)　②外国にある第三者が規則で定める基準に適合する体制を整備している場合（外国GL3－1、3－2）

規則第11条　法第24条の個人情報保護委員会規則で定める基準は、次の

各号のいずれかに該当することとする。

一　個人情報取扱事業者と個人データの提供を受ける者との間で、当
　　該提供を受ける者における当該個人データの取扱いについて、適切
　　かつ合理的な方法により、法第４章第１節の規定の趣旨に沿った措
　　置の実施が確保されていること。

二　個人データの提供を受ける者が、個人情報の取扱いに係る国際的
　　な枠組みに基づく認定を受けていること。

　規則第11条にて、「個人情報取扱事業者と個人データの提供を受ける者と
の間で、当該提供を受ける者における当該個人データの取扱いについて、適
切かつ合理的な方法により、法第４章第１節の規定の趣旨に沿った措置の実
施が確保されていること」（第１号）と、「個人データの提供を受ける者が、
個人情報の取扱いに係る国際的な枠組みに基づく認定を受けていること」
（第２号）の２つを規定しているところ、その内容を外国GLに記載してい
る。

　なお、この措置を講じなければならない対象は、実際に提供を行った「当
該個人データ」であることから、提供先で取り扱っている他の個人情報の取
扱いについてまで当該措置を講ずることが求められているものではない。

ア　規則第11条第１号

㋐　「適切かつ合理的な方法」

　実務上は、個人データの取扱いを主目的とする委託契約のほかに、必ずし
も個人データの取扱いを正面から契約の対象としない場合もある。例えば、
海外拠点と共同してホールセールビジネスを展開する中で、個人情報（例え
ば、法人顧客の担当者の氏名など）が含まれている場合などである。

　後者の場合は、当該個人情報が個人データに該当しない場合（個人情報
データベース等を構成しない場合）もあり得るものであれば、本来は改正法
第24条の対象ではない。しかし、事業者としては、個別事例ごとに、委託契
約の対象が「個人データ」に該当するか否かを正確に区分することが必ずし

も容易ではない場面も想定し得る。

　この場合、個情法の規定を想定した条項を正面から規定することが困難であるときにおいても、例えば、委託契約の中で、"仮に個人データが含まれる場合には、受託者は、委託者（国内の個人情報取扱事業者）の具体的指示をもって、個人データを取り扱うこととする"などとされている場合は、結果的に日本の個情法に基づいて取り扱われることが担保されているものといえるので、ここでの「適切かつ合理的な方法」に該当すると考えられる。

　(イ)　「法第４章第１節の規定の趣旨に沿った措置」

　改正法第24条を受けた規則第11条では、第１号にて、「法第４章第１節の規定の趣旨に沿った措置」と規定されている。

　この「措置」の具体的内容は、国際的な整合性を勘案して図表２−16のとおりとなる。なお、国際的な整合性の判断は、経済協力開発機構（OECD）におけるプライバシーガイドラインやアジア太平洋経済協力（APEC）におけるプライバシーフレームワークといった国際的な枠組みの基準に準拠している。

　上記を踏まえ、個人情報取扱事業者は、「法第４章第１節の規定の趣旨に沿った措置」として、次の「利用目的の特定（法第15条の趣旨に沿った措置）」から「個人情報取扱事業者による苦情の処理（法第35条の趣旨に沿った措置）」までに記述する事項を、上記「適切かつ合理的な方法」に記述する方法によって担保されていなければならない。

　なお、個人情報取扱事業者は、契約等に「利用目的の特定（法第15条の趣旨に沿った措置）」から「個人情報取扱事業者による苦情の処理（法第35条の趣旨に沿った措置）」までに記述するすべての事項を規定しなければならないものではなく、「法第４章第１節の規定の趣旨」にかんがみて、実質的に「適切かつ合理的な方法」により、措置の実施が確保されていれば足りる。

　例えば、委託契約に基づき個人データを提供するなどのケースにおいては、通常は委託先の業者にとっては保有個人データに相当しない形態となっていることから、あえて委託契約に開示請求などに係る内容を規定する必要

はない。

　その他にも、契約などに基づき個人データを匿名化し、第三者からは個人を特定できないようにした状態で、外国事業者に渡す場面がある。このような場合に、当該契約などに、次の「利用目的の特定（法第15条の趣旨に沿った措置）」をそのまますべてを規定する必要があるわけではなく、第三者からは個人を特定できない状態にすることによって、結果的に、規則第11条第１号で求める体制を求めているものと考えることができる。詳細は、本章12(9)イ「匿名化した情報を外国事業者に提供する行為」参照。

　外国にある第三者への個人データの提供に関する典型的な事例としては２つ考え得る。１つ目として、日本にある個人情報取扱事業者が外国にある事業者に顧客データの入力業務を委託する場合、２つ目として、日本にある個人情報取扱事業者が外国にある親会社に従業員情報を提供する場合である。

　そこで、外国GLにおいては、外国にある第三者への個人データの提供に関する典型的な事例として、「事例１）日本にある個人情報取扱事業者が、外国にある事業者に顧客データの入力業務を委託する場合」および「事例２）日本にある個人情報取扱事業者が、外国にある親会社に従業員情報を提供する場合」を挙げた上で、外国にある第三者または提供元である日本にある個人情報取扱事業者が講ずべき措置の具体例を以下のとおり示している。

事例１）日本にある個人情報取扱事業者が、外国にある事業者に顧客データの入力業務を委託する場合

事例２）日本にある個人情報取扱事業者が、外国にある親会社に従業員情報を提供する場合

○利用目的の特定（改正法第15条の趣旨に沿った措置）

事例１）委託契約において、外国にある事業者による利用目的を特定する。

図表 2 −16　国際的な枠組みの基準との整合性を勘案した「改正法第 4 章第 1 節の規定の趣旨に沿った措置」

法第 4 章第 1 節の 規定の趣旨に沿った措置		（参考）	
		OECDプライバシーガイドライン	APECプライバシーフレームワーク
第15条	利用目的の特定	○	○
第16条	利用目的による制限	○	○
第17条	適正な取得	○	○
第18条	取得に際しての利用目的の通知等	○	○
第19条	データ内容の正確性の確保等	○	○
第20条	安全管理措置	○	○
第21条	従業者の監督	○	（注 2 ）
第22条	委託先の監督	○	○
第23条	第三者提供の制限	○	○
第24条	外国にある第三者への提供の制限	○	○
第27条	保有個人データに関する事項の公表等	○	○
第28条	開示	○	○
第29条	訂正等	○	○
第30条	利用停止等	○	○
第31条	理由の説明	○	○
第32条	開示等の請求等に応じる手続	○	○
第33条	手数料	○	○
第35条	個人情報取扱事業者による苦情の処理	○	（注 3 ）

（注 1 ）　改正法第 4 章第 1 節の各規定と国際的な枠組みの基準（OECDプライバシーガイドラインおよびAPECプライバシーフレームワーク）とを対比した上で、当該各規定の趣旨が当該国際的な枠組みの基準に整合していると解される場合に「○」と記載している。

（注 2 ）　従業者の監督については、APECプライバシーフレームワークに規定はないものの、安全管理措置（改正法第20条）の一部であることから、外国にある第三者にお

いても措置を講じなければならないとされている。
（注３） 苦情の処理については、APECプライバシーフレームワークに規定はないものの、事業者のAPECプライバシーフレームワークへの適合性を国際的に認証する制度であるCBPRシステムに参加する事業者の参加要件となっていることから、外国にある第三者においても措置を講じなければならない。
（注４） 要配慮個人情報については、個々の措置の対象には含まれていない。これは、国によっていわゆるセンシティブ情報の対象は異なり得ることから（OECDプライバシーガイドラインの説明覚書（1980年））、「要配慮個人情報」に係る規制を外国の事業者に課すことは適切ではないと考えられたことからである。なお、仮に改正法第17条第2項が当該「規定」に含まれるとしても、外国にある第三者が同項の同意を得て要配慮個人情報を取得する際に、当該同意を第24条の「同意」と実質的に評価することができれば、そもそも「改正法第4章第1節の規定の趣旨に沿った措置」を講じる必要はない。
（出所） 外国GL。なお（注４）は筆者作成

> 事例２） 就業規則等において利用目的を特定する。

○利用目的による制限（改正法第16条の趣旨に沿った措置）

> 事例１） 委託契約において、委託の内容として、外国にある事業者による利用目的の範囲内での事務処理を規定する。
> 事例２） 従業員情報を就業規則において特定された利用目的の範囲内で利用する。なお、利用目的の範囲を超える場合には、当該従業員の同意を得る必要があるが、その場合、日本にある個人情報取扱事業者が同意を取得することも認められるものと解される。

○適正な取得（改正法第17条の趣旨に沿った措置）

> 事例１） 外国にある事業者が委託契約に基づいて適切に個人データを取得していることが自明であれば、不正の手段による取得ではない。
> 事例２） 外国にある親会社が内規等に基づいて適切に個人データを取得していることが自明であれば、不正の手段による取得ではない。

○取得に際しての利用目的の通知等（改正法第18条の趣旨に沿った措置）

> 事例１）日本にある個人情報取扱事業者から顧客に対して利用目的の通知等をする。
> 事例２）日本にある個人情報取扱事業者が従業員に対して利用目的の通知等をする。

○データ内容の正確性の確保等（改正法第19条の趣旨に沿った措置）

> 事例１）委託契約によりデータ内容の正確性の確保等について規定するか、又は、データ内容の正確性の確保等に係る責任を個人データの提供元たる個人情報取扱事業者が負うこととする。
> 事例２）日本にある個人情報取扱事業者を通じて従業員情報の正確性を確保する。

○安全管理措置（改正法第20条の趣旨に沿った措置）

> 事例１）委託契約により外国にある事業者が安全管理措置を講ずる旨を規定する。
> 事例２）内規等により外国にある親会社が安全管理措置を講ずる旨を規定する。

○従業者の監督（改正法第21条の趣旨に沿った措置）

> 事例１）委託契約により外国にある事業者の従業者の監督に係る措置を規定する。
> 事例２）内規等により外国にある親会社の従業者の監督に係る措置を規

定する。

○委託先の監督（改正法第22条の趣旨に沿った措置）

> 事例１）委託契約により外国にある事業者の再委託先の監督に係る措置
> を規定する。
> 事例２）内規等により外国にある親会社の再委託先の監督に係る措置を
> 規定する。

○第三者提供の制限（改正法第23条の趣旨に沿った措置）

> 事例１）委託契約により外国にある事業者からの個人データの第三者提
> 供を禁止する。
> 事例２）内規等により外国にある事業者からの個人データの第三者提供
> を禁止する。

　なお、提供先の第三者が「外国にある第三者」（提供元である外国にある
第三者と同一の国内にある第三者を含む）の場合は、次の「外国にある第三
者への提供の制限」を参照のこと。

　すなわち、改正法第24条の「外国」は、本邦の域外にある国または地域を
指す。したがって、当該「第三者」（再提供先）が本邦の域外にある国また
は地域にある者の場合は、「外国にある第三者」（提供先）と同一国もしくは
地域にあるか、または異なる国もしくは地域にあるかにかかわらず、改正法
第24条の規定の趣旨に沿った措置を講じる必要がある。

　他方、当該「第三者」（再提供先）が日本にある者の場合は、「外国にある
第三者」に該当しないため、改正法第23条の規定の趣旨に沿った措置を講じ
る必要がある。

○外国にある第三者への提供の制限（改正法第24条の趣旨に沿った措置）

事例１）委託契約により外国にある事業者からの個人データの第三者提供を禁止する。

　　外国にある事業者から更に外国にある第三者に個人データの取扱いを再委託する場合には、法第22条の委託先の監督義務（３−２−８）のほか、法第４章第１節の規定の趣旨に沿った措置の実施を確保する。

事例２）内規等により外国にある親会社からの個人データの第三者提供を禁止する。

　　外国にある親会社から更に他の国にある子会社等に個人データを移転する場合にも、内規等により法第４章第１節の規定の趣旨に沿った措置の実施を確保する。

改正法第23条と改正法第24条の区別は、例えば、再委託の場合に分かれることとなる。

Ｑ９−10　個人データを「外国にある第三者」（提供先）に提供した後、当該「外国にある第三者」がさらに別の「第三者」（再提供先）に個人データを提供する場合、当該「第三者」（再提供先）が「外国にある第三者」（提供先）と同一国内にある者のときは、どのような措置を講じる必要がありますか。また、当該「第三者」（再提供先）が日本にある者のときは、どのような措置を講じる必要がありますか。

Ａ９−10　法第24条の「外国」は、本邦の域外にある国又は地域を指します。したがって、当該「第三者」（再提供先）が本邦の域外にある国又は地域にある者の場合は、「外国にある第三者」（提供先）と同一国若しくは地域にあるか、又は異なる国若しくは地域にあるかにかか

わらず、同条の規定の趣旨に沿った措置（ガイドライン（外国にある第三者への提供編）3－2－10）を講じる必要があります。

他方、当該「第三者」（再提供先）が日本にある者の場合は、「外国にある第三者」に該当しないため、法第23条の規定の趣旨に沿った措置（同ガイドライン3－2－9）を講じる必要があります。

○保有個人データに関する事項の公表等（改正法第27条の趣旨に沿った措置）

事例1）提供する個人データが外国にある事業者にとって「保有個人データ」に該当する場合には、委託契約により、委託元が保有個人データに関する事項の公表等に係る義務を履行することについて明確にする。

なお、提供する個人データが外国にある事業者にとって「保有個人データ」に該当しない場合には、結果として「措置」としての対応は不要である。

事例2）内規等により、日本にある個人情報取扱事業者が保有個人データに関する事項の公表等に係る義務を履行することについて明確にする。

○開示（改正法第28条の趣旨に沿った措置）

事例1）提供する個人データが外国にある事業者にとって「保有個人データ」に該当する場合には、委託契約により、委託元が開示に係る義務を履行することについて明確にする。

なお、提供する個人データが外国にある事業者にとって「保有個人データ」に該当しない場合には、結果として「措置」としての対応は不要である。

事例2）内規等により、日本にある個人情報取扱事業者が開示に係る義

務を履行することについて明確にする。

○訂正等（改正法第29条の趣旨に沿った措置）

事例1）提供する個人データが外国にある事業者にとって「保有個人データ」に該当する場合には、委託契約により、委託元が訂正等に係る義務を履行することについて明確にする。

　なお、提供する個人データが外国にある事業者にとって「保有個人データ」に該当しない場合には、結果として「措置」としての対応は不要である。

事例2）内規等により、日本にある個人情報取扱事業者が訂正等に係る義務を履行することについて明確にする。

○利用停止等（改正法第30条の趣旨に沿った措置）

事例1）提供する個人データが外国にある事業者にとって「保有個人データ」に該当する場合には、委託契約により、委託元が利用停止等に係る義務を履行することについて明確にする。

　なお、提供する個人データが外国にある事業者にとって「保有個人データ」に該当しない場合には、結果として「措置」としての対応は不要である。

事例2）内規等により、日本にある個人情報取扱事業者が利用停止等に係る義務を履行することについて明確にする。

○理由の説明（改正法第31条の趣旨に沿った措置）

事例1）提供する個人データが外国にある事業者にとって「保有個人データ」に該当する場合には、委託契約により、委託元が理由の説明

に係る義務を履行することについて明確にする。

　なお、提供する個人データが外国にある事業者にとって「保有個人データ」に該当しない場合には、結果として「措置」としての対応は不要である。

事例2）内規等により、日本にある個人情報取扱事業者が理由の説明に係る義務を履行することについて明確にする。

○開示等の請求等に応じる手続（改正法第32条の趣旨に沿った措置）

事例1）提供する個人データが外国にある事業者にとって「保有個人データ」に該当する場合には、委託契約により、委託元が開示等の請求等に応じる手続を履行することについて明確にする。

　なお、提供する個人データが外国にある事業者にとって「保有個人データ」に該当しない場合には、結果として「措置」としての対応は不要である。

事例2）内規等により、日本にある個人情報取扱事業者が開示等の請求等に応じる手続を履行することについて明確にする。

○手数料（改正法第33条の趣旨に沿った措置）

事例1）提供する個人データが外国にある事業者にとって「保有個人データ」に該当する場合には、委託契約により、委託元が手数料に係る措置を履行することについて明確にする。

　なお、提供する個人データが外国にある事業者にとって「保有個人データ」に該当しない場合には、結果として「措置」としての対応は不要である。

事例2）内規等により、日本にある個人情報取扱事業者が手数料に係る

措置を履行することについて明確にする。

○個人情報取扱事業者による苦情の処理（改正法第35条の趣旨に沿った措置）

> 事例1）委託契約により、日本にある個人情報取扱事業者が、法第35条
> に係る義務を履行することについて明確にする。
> 事例2）内規等により、日本にある個人情報取扱事業者が法第35条に係
> る義務を履行することについて明確にする。

　措置を講ずる際には、「適切かつ合理的な方法」をとらなければならない
ところ、提供元および提供先からの契約や、提供元および提供先に共通して
適用されるプライバシーポリシーなどにおいて、提供先（外国にある第三
者）が我が国の個人情報取扱事業者が講ずべきとされている措置に相当する
措置を講ずることが担保されている場合を例として挙げている。

> **Q9－9**　施行規則第11条第1号では、「個人情報取扱事業者と個人
> データの提供を受ける者との間」で適切かつ合理的な方法により措置
> の実施を確保することとされていますが、個人情報取扱事業者と同じ
> 内規等が適用される別会社と、個人データの提供を受ける者との間で
> 締結された委託契約は適切かつ合理的な方法に該当しますか。
> **A9－9**　当該委託契約及び当該内規等によって、個人データの提供先
> である外国にある第三者が、我が国の個人情報取扱事業者の講ずべき
> こととされている措置に相当する措置を継続的に講ずることを実質的
> に担保することができる場合には、適切かつ合理的な方法に該当する
> ものと考えられます。

　親会社・子会社による企業グループを構成している事業者の中には、外部
事業者との委託契約を親会社がまとめて締結・管理をしている場合も想定さ

れ、その場合については、上記のQ&A9－9が実務の参考となり得る。

イ　「国際的な枠組みに基づく認定」（外国GL3－3）

ここでは、提供先（外国にある第三者）がAPECの越境プライバシールール（CBPR：Cross Border Privacy Rules）システムの認証を得ている場合が該当する旨を明示している。

なお、CBPRの仕組み上、提供元である事業者がCBPRシステムの認証を得ている場合であっても、当該事業者は、その取得要件として、当該事業者に代わって第三者に個人情報を取り扱わせる場合においても、当該事業者が本人に対して負う義務が同様に履行されることを確保する措置を当該第三者との間で整備している必要があることとされている。したがって、この場合も、越境移転を否定する必要はないことから、意見募集手続で寄せられた意見も踏まえ、提供元の個人情報取扱事業者がCBPRの認証を取得しており、提供先の「外国にある第三者」が当該個人情報取扱事業者に代わって個人情報を取り扱う者である場合には、当該個人情報取扱事業者がCBPRの認証の取得要件を満たすことも、「適切かつ合理的な方法」の1つであることを明示している。

このことにより、個人データを越境移転する日本企業にとってCBPRの認証を取得するメリットが明確になっている（図表2－17参照）。

(6)　③外国にある第三者が規則で定める国に所在する場合

提供先である第三者が、我が国と同等の水準にあると認められる個人情報保護制度を有している国として規則で定める国にある場合には、本人同意なしに第三者提供をすることができるが、現時点で認定している国はない。これは、EU一般データ保護規則（GDPR：General Data Protection Regulation、2016年5月24日施行、2018年5月25日から適用）などをはじめとして、様々な国において制度の見直しが行われていることもあり、また、詳細かつ多角的な調査・検討が必要であることから、今後、継続的に検討することが求められるからである。

図表 2 −17　CBPR

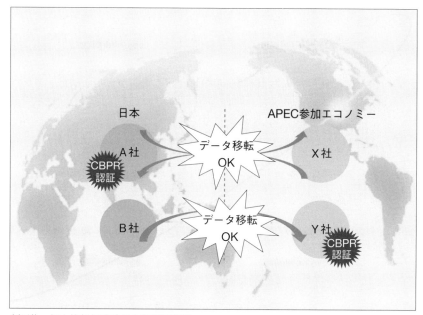

（出所）　個人情報保護委員会広報用資料

　委員会の設立に伴い、パーソナルデータのクロスボーダーの移転の枠組みについては、委員会が主体となって、外国当局と交渉することとなる（改正法第61条第 8 号）。現に委員会は国際交渉を活発に展開している。委員会を構成する委員長、委員、そして、専門委員による外国当局との交渉・交流の模様は、委員会ウェブサイトにて、随時掲載されているため、参考とすることができる。

　特に、対EUとの間での個人データの移転については、相互の円滑な移転を図る枠組みの構築を視野に、委員会と欧州委員会司法総局との間で累次の対話を重ねてられきており、互いの個人情報保護制度に関する理解が進められている。こうした状況を踏まえ、改正法第24条における外国指定に関する規則について、次のような考え方を軸に検討を進めることを公表している。

①　個人情報保護法に定める個人情報取扱事業者の義務に関する規定に相当する規定又は規範があること、また、これらを遵守する態勢が認められること。
②　独立した個人情報保護機関が存在し、当該機関が必要な執行態勢を確保していること。
③　我が国としてその外国を指定する必要性が認められること。
④　相互の理解、連携及び協力が可能であること。
⑤　個人情報の保護を図りつつ相互の円滑な移転を図る枠組みの構築が可能であること。

（出所）　第39回個人情報保護委員会資料「個人情報保護法第24条に係る委員会規則の方向性について」

　①で明文のルールがあることを要求しつつ（なお「規範」とあることで法形式にはこだわらない趣旨が示されている）、それを「遵守する態勢」をもあわせて必要としており、実質的に、「個人の権利利益を保護する上で我が国と同等の水準にあると認められる個人情報の保護に関する制度を有している外国」を指定する趣旨が明確にされているといえる。

　また、②においては、相手の外国において形式的に個人情報保護機関が存置されていれば良しとするものではなく、「必要な執行態勢」を要求することをもって、実質的な妥当性を図ろうとしている。

　加えて、委員会からは国際交流の成果として、次のステートメントを公表している。

【熊澤春陽個人情報保護委員会委員、ベラ・ヨウロバー欧州委員会委員（司法・消費者・男女平等担当）による共同プレス・ステートメント】
　熊澤春陽個人情報保護委員会委員とベラ・ヨウロバー欧州委員会委員（司法・消費者・男女平等担当）は、基本的な権利として、また、デジ

タル・エコノミーにおける消費者の信頼の重要な要素としての高水準の
データ保護の推進を視野に対話を進展させるため、2017年7月3日にブ
リュッセルで会談を行った。

　両者は、日本及びEUのデータ保護の制度に関する相互の理解をより
一層深めてきた、個人情報保護委員会事務局と欧州委員会司法総局によ
る過去数か月間の作業を歓迎した。同作業に基づき、両者は、双方のプ
ライバシー法制度の最近の改正によって、双方の二つの制度は、より一
層類似したものになったことを認めた。これは、特に双方が十分な保護
レベルを同時に見出すことを通して、相互の円滑なデータ流通をより一
層促進する新しい機会を提供するものである。

　以上を踏まえ、両者は、双方の制度間の類似性が強化されたことを基
礎として、関連する相違点への対処等により、2018年の早い時期に、こ
の目標を達成するための努力を強化することを決意した。

（2017年7月3日、ブリュッセルにて）

(7)　④改正法第23条第1項各号のいずれかに該当する場合

基本的には改正法第23条第1項各号における解釈と同様である。

なお、改正法第23条第1項第1号の「法令」には外国の法令は含まれない。

　例えば、海外の遠隔地で海外旅行保険の契約者に保険事故が発生し緊急の
対応を要する際に、保険者が委託をしている現地のクレームエージェントに
情報提供を行う場合等が考えられる。

(8)　クラウドサービスについて

ア　前　提

　改正法第24条関係で、国内の個人情報取扱事業者が、海外のクラウド事業
者の提供するクラウドサービスを利用することが、同条の規律の対象になる
のか、といった点について、委員会GLの意見募集手続でも複数の意見等が

寄せられていた。

　この点、改正前の個情法においても、クラウドサービスの利用を第23条の第三者提供制限との関係で、本人同意を有する第三者提供なのか、委託なのか、それ以外なのか、どのように整理をするのか、という論点は存在していた。また、仮に、本人同意が不要となる委託として整理した場合でも委託先（クラウド運営事業者）に対する監督義務（改正法第22条）はどのように整理をすべきか、という点については明確な解釈が存在していなかった。

　改正法においても、クラウドサービスの内容は契約により異なり得るところ、一律に規定することはできないものと考えられるため、通則GLおよび外国GLに特段の記載はされていない。ただし、一般論として、契約条項によりクラウド事業者が個人データを取り扱わない旨が定められており、適切にアクセス制御を行っている場合等においては、当該クラウド事業者は当該個人データの提供を受けて取り扱っているとはいえない場合も想定されるところである。

イ　Q&A

　これらの実態、および委員会GLの意見募集手続において、クラウドサービスの利用に関する質問が多数寄せられたことを踏まえ、まずは、第三者提供制限の原則規定である改正法第23条との関係において、次の2つのQ&Aを示している。

Q5−33　個人情報取扱事業者が、個人データを含む電子データを取り扱う情報システムに関して、クラウドサービス契約のように外部の事業者を活用している場合、個人データを第三者に提供したものとして、「本人の同意」（法第23条第1項柱書）を得る必要がありますか。または、「個人データの取扱いの全部又は一部を委託」（法第23条第5項第1号）しているものとして、法第22条に基づきクラウドサービス事業者を監督する必要がありますか。

A5−33　クラウドサービスには多種多様な形態がありますが、クラウ

ドサービスの利用が、本人の同意が必要な第三者提供（法第23条第1項）又は委託（法第23条第5項第1号）に該当するかどうかは、保存している電子データに個人データが含まれているかどうかではなく、クラウドサービスを提供する事業者において個人データを取り扱うこととなっているのかどうかが判断の基準となります。

当該クラウドサービス提供事業者が、当該個人データを取り扱わないこととなっている場合には、当該個人情報取扱事業者は個人データを提供したことにはならないため、「本人の同意」を得る必要はありません。

また、上述の場合は、個人データを提供したことにならないため、「個人データの取扱いの全部又は一部を委託することに伴って…提供される場合」（法第23条第5項第1号）にも該当せず、法第22条に基づきクラウドサービス事業者を監督する義務はありません。

当該クラウドサービス提供事業者が当該個人データを取り扱わないこととなっている場合の個人情報取扱事業者の安全管理措置の考え方についてはQ5-34参照。

当該クラウドサービス提供事業者が、当該個人データを取り扱わないこととなっている場合とは、契約条項によって当該外部事業者がサーバに保存された個人データを取り扱わない旨が定められており、適切にアクセス制御を行っている場合等が考えられます。

Q5-35 個人データを含む電子データを取り扱う情報システム（機器を含む。）の保守の全部又は一部に外部の事業者を活用している場合、個人データを第三者に提供したものとして、「本人の同意」（法第23条第1項柱書）を得る必要がありますか。または、「個人データの取扱いの全部又は一部を委託することに伴って…提供」（法第23条第5項第1号）しているものとして、法第22条に基づき当該事業者を監督する必要がありますか。

A5－35　当該保守サービスを提供する事業者（以下本項において「保守サービス事業者」という。）がサービス内容の全部又は一部として情報システム内の個人データを取り扱うこととなっている場合には、個人データを提供したことになり、本人の同意を得るか、又は、「個人データの取扱いの全部又は一部を委託することに伴って…提供」（法第23条第5項第1号）しているものとして、法第22条に基づき当該保守サービス事業者を監督する必要があります。

（例）

　○個人データを用いて情報システムの不具合を再現させ検証する場合

　○個人データをキーワードとして情報を抽出する場合

　　　一方、単純なハードウェア・ソフトウェア保守サービスのみを行う場合で、契約条項によって当該保守サービス事業者が個人データを取り扱わない旨が定められており、適切にアクセス制御を行っている場合等には、個人データの提供に該当しません。

（例）

　○システム修正パッチやマルウェア対策のためのデータを配布し、適用する場合

　○保守サービスの作業中に個人データが閲覧可能となる場合であっても、個人データの取得（閲覧するにとどまらず、これを記録・印刷等すること等をいう。）を防止するための措置が講じられている場合

　○保守サービスの受付時等に個人データが保存されていることを知らされていない場合であって、保守サービス中に個人データが保存されていることが分かった場合であっても、個人データの取得を防止するための措置が講じられている場合

　○不具合の生じた機器等を交換若しくは廃棄又は機器等を再利用するために初期化する場合等であって、機器等に保存されている個

人データを取り扱わないことが契約等で明確化されており、取扱
　　いを防止するためのアクセス制御等の措置が講じられている場合
○不具合の生じたソフトウェアの解析をするためにメモリダンプの
　　解析をする場合であって、メモリダンプ内の個人データを再現し
　　ないこと等が契約等で明確化されており、再現等を防止するため
　　の措置が講じられている場合
○個人データのバックアップの取得又は復元を行う場合であって、
　　バックアップデータ内の当該個人データを取り扱わないことが契
　　約等で明確化されており、取扱いを防止するためのアクセス制御
　　等の措置が講じられている場合

　上記に引用したQ&Aの文言で明らかなとおり、これらのQ&Aは「委
託」（改正法23条第5項第1号）について新たな文言解釈を示したものでは
なく「提供」（同条第1項柱書）の文言解釈を示しているものである。すな
わち、上記のQ&Aで示している基準を満たすものであれば、そもそも改正
法第23条第1項柱書「提供」に該当しないことから、同条第5項各号の該当
性を検討するまでもなく、同条の規律自体が適用されないという帰結にな
る。

ウ　個人番号（マイナンバー）における解釈との整合性

　個人番号（マイナンバー）をその内容に含む特定個人情報との関係におい
ても、クラウドサービスを活用する場面を想定して、既に、委員会が策定し
た「「特定個人情報の適正な取扱いに関するガイドライン（事業者編）」及び
「（別冊）金融業務における特定個人情報の適正な取扱いに関するガイドライ
ン」に関するQ&A」でも次のように一定の整理が示されているところ、上
記のQ&A5-33、5-35は、いずれも、その内容と整合するものとなって
いる。

Q3-12　特定個人情報を取り扱う情報システムにクラウドサービス契

約のように外部の事業者を活用している場合、番号法上の委託に該当しますか。

A3−12　当該事業者が当該契約内容を履行するに当たって個人番号をその内容に含む電子データを取り扱うのかどうかが基準となります。当該事業者が個人番号をその内容に含む電子データを取り扱わない場合には、そもそも、個人番号関係事務又は個人番号利用事務の全部又は一部の委託を受けたとみることはできませんので、番号法上の委託には該当しません。

　当該事業者が個人番号をその内容に含む電子データを取り扱わない場合とは、契約条項によって当該事業者が個人番号をその内容に含む電子データを取り扱わない旨が定められており、適切にアクセス制御を行っている場合等が考えられます。

Q3−14　特定個人情報を取り扱う情報システム（機器を含む。以下、この項において同じ。）の保守の全部又は一部に外部の事業者を活用している場合、番号法上の委託に該当しますか。また、外部の事業者が記録媒体等を持ち帰ることは、提供制限に違反しますか。

A3−14　当該保守サービスを提供する事業者（以下「保守サービス事業者」という。）がサービス内容の全部又は一部として個人番号をその内容に含む電子データを取り扱う場合には、個人番号関係事務又は個人番号利用事務の一部の委託に該当します。

〔典型的な例〕

・個人番号を用いて情報システムの不具合を再現させ検証する場合

・個人番号をキーワードとして情報を抽出する場合

　一方、単純なハードウェア・ソフトウェア保守サービスのみを行う場合で、契約条項によって当該保守サービス事業者が個人番号をその内容に含む電子データを取り扱わない旨が定められており、適切にアクセス制御を行っている場合等には、個人番号関係事務又は個人番号

利用事務の委託に該当しません。

〔典型的な例〕

・システム修正パッチやマルウェア対策のためのデータを配布し、適用する場合

・保守サービスの作業中に個人番号が閲覧可能となる場合であっても、個人番号の収集（画面上に表示された個人番号を書き取ること、プリントアウトすること等をいう。以下、この項において同じ。）を防止するための措置が講じられている場合

・保守サービスの受付時等に個人番号をその内容に含む電子データが保存されていることを知らされていない場合であって、保守サービス中に個人番号をその内容に含む電子データが保存されていることが分かった場合であっても、個人番号の収集を防止するための措置が講じられている場合

・不具合の生じた機器等を交換若しくは廃棄又は機器等を再利用するために初期化する場合等であって、機器等に保存されている個人番号をその内容に含む電子データを取り扱わないことが契約等で明確であり、取扱いを防止するためのアクセス制御等の措置が講じられている場合

・不具合の生じたソフトウェアの解析をするためにメモリダンプの解析をする場合であって、メモリダンプ内の個人番号をその内容に含む電子データを再現しないこと等が契約等で明確であり、再現等を防止するための措置が講じられている場合

・個人番号をその内容に含む電子データのバックアップの取得又は復元を行う場合であって、バックアップデータ内の当該電子データを取り扱わないことが契約等で明確であり、取扱いを防止するためのアクセス制御等の措置が講じられている場合

　なお、個人番号関係事務又は個人番号利用事務の委託に該当しない保守サービスの場合は、従来の個人情報又は営業秘密等が保存されて

いる情報システムの保守サービスにおける安全管理措置の考え方と同様と考えられます。

　個人番号関係事務又は個人番号利用事務の一部の委託に該当する保守サービスであって、保守のために記録媒体等を持ち帰ることが想定される場合は、あらかじめ特定個人情報の保管を委託し、安全管理措置を確認する必要があります。

（出所）「「特定個人情報の適正な取扱いに関するガイドライン（事業者編）」及び「（別冊）金融業務における特定個人情報の適正な取扱いに関するガイドライン」に関するＱ＆Ａ」

　仮に、上記のＱ＆Ａ５－33および５－35の基準に照らして、第三者提供または委託のいずれにも該当しない場合においても、次のＱ＆Ａの内容に留意する必要がある。

Ｑ５－34　クラウドサービスの利用が、法第23条の「提供」に該当しない場合、クラウドサービスを利用する事業者は、クラウドサービスを提供する事業者に対して監督を行う義務は課されないと考えてよいですか。

Ａ５－34　クラウドサービスの利用が、法第23条の「提供」に該当しない場合、法第22条に基づく委託先の監督義務は課されませんが（Ｑ５－33参照）、クラウドサービスを利用する事業者は、自ら果たすべき安全管理措置の一環として、適切な安全管理措置を講じる必要があります。

エ　外国にクラウドサーバーを置いている場合

　改正法第24条において、新たに外国にある第三者に対する個人データの提供に関する規定が設けられたが、クラウドサービスと改正法第24条との関係について、次の２つのＱ＆Ａを示している。

Ｑ９－５　外国にあるサーバに個人データを含む電子データを保存することは外国にある第三者への提供に該当しますか。

Ａ９－５　当該サーバの運営事業者が、当該サーバに保存された個人データを取り扱わないこととなっている場合には、外国にある第三者への提供（法第24条）に該当しません。

　当該サーバに保存された個人データを取り扱わないこととなっている場合とは、契約条項によって当該事業者がサーバに保存された個人データを取り扱わない旨が定められており、適切にアクセス制御を行っている場合等が考えられます（Ｑ５－33参照）。

Ｑ９－６　外国の事業者が運営するクラウドを利用していますが、サーバは国内にある場合、外国にある第三者への提供に該当しますか。

Ａ９－６　当該サーバの運営事業者が、当該サーバに保存された個人データを取り扱わないこととなっている場合には、外国にある第三者への提供に該当しません（Ｑ５－33、Ｑ９－５参照）。

　また、当該サーバの運営事業者が、当該サーバに保存された個人データを国内で取り扱っていると認められる場合には、当該サーバの運営事業者は個人情報取扱事業者に該当しますので、外国にある第三者への提供に該当しません。

オ　具体例

　これらのＱ＆Ａにおいて、「契約条項によって当該事業者がサーバに保存された個人データを取り扱わない旨が定められ」ていることが基準の１つとなっている。論者の中には、この表現どおりの文言が契約条項に規定されていることが求められていると誤解する向きもあるが、当然、そういったものではなく、あくまで、趣旨として読み取れればよい。

　例えば、契約条件の中で、"クラウドに入っている電子データから個人情

報を取得しない"旨が定められていたりすれば、この要件を満たすことになるものと考えられる。

　また、アクセス制御についても、データの内容が暗号化されていたり、ユーザー側の承認なしにサーバーに手を入れられないこととなっている場合などは、「外国にある第三者への提供」に該当しないものと考えられる。

カ　確認・記録義務との関係

　上記のとおり、いわゆるクラウドサービスを利用する際に、Q&A5-33等で示している基準を満たすものであれば、そもそも改正法第23条第1項柱書「提供」に該当しないこととなるから、同じく、改正法第25条および第26条も適用されないこととなる。

　したがって、クラウド内に個人データを保管をする際においても、改正法第25条の記録を作成する義務はないものと考えられる。

(9)　その他の個別場面

　上記以外に、改正法第24条の適用に関連して参考となるQ&Aを紹介する。

ア　委託の成果物を外国事業者に返却する行為

> **Q9-8**　外国で事業をしている外国事業者から個人データに相当するデータの提供を受けて当該個人データの編集・加工業務を受託している場合において、その委託の成果物を当該外国事業者に納品するときは、法第24条は適用されることとなりますか。
>
> **A9-8**　個人情報保護法の適用が及ばない域外の外国事業者から、個人情報の編集・加工等の業務を受託することに伴って提供を受けた場合に、その委託業務に基づいて、委託の成果物を当該外国事業者に返却する行為については、法第24条は適用されず、法第23条第5項第1号が適用されるものと解されます。

例えば、国内事業者が外国事業者から個人データの編集加工に係る委託を受けて、その成果物を委託元の当該外国事業者に返品する場合、その返却する行為も形式的には改正法第24条が適用されそうである。しかし、そもそも同条の趣旨は、個人データが越境移転する場合においても国内での個情法における保護レベルと同等の保護基準を確保しようというものであるところ、上記のQ&Aの設例のような場合においては、そもそも域外での個人情報であることから、このような場合においてまで日本の保護基準と同一にする必要はない。

したがって、このような場合においては、同条が適用されない旨が明確にされている。ただし、特則である改正法第24条が適用されない場合でも、改正法第23条が適用されることから、委託の場合においては改正法第23条第5項第1号が適用される旨を明らかにしたものである。

イ　匿名化した情報を外国事業者に提供する行為

> **Ｑ９－11**　外国にある第三者に対して、氏名を削除するなどして個人を特定できないようにして当該者にとっては個人情報に該当しないデータの取扱いを委託し、当該者が個人情報に復元することがないような場合においても、法第24条は適用されますか。
>
> **Ａ９－11**　法第24条は適用されます。受領者たる「外国にある第三者」にとって個人情報に該当しないデータを提供する場合において、当該者が個人情報を復元することがないこととなっているときは、結果として、施行規則第11条で定める基準に適合する体制を整備しているものと解されます。ただし、この場合であっても、委託者たる個人情報取扱事業者は法第22条に基づき委託先に対する監督義務があることに留意が必要です。

本改正により新設された改正法第24条は、改正法第23条の特則的規定であることから、個人データの該当性は、改正法第23条と同じく、提供元基準で

判断することとなる（本章9⑷「個人データの判断基準（提供元基準or提供先基準）」参照）。とすると、上記Q＆A9−11の設例のように、受託者にとって「個人情報に該当しないデータの取扱いを委託し、当該者が個人情報に復元することがないような場合」も改正法第24条の適用自体は否定できないこととなる。しかしながら、その内容が提供先にとって復元することができないものとなっている以上、個人の権利利益の保護の観点からは、結果として、規則第11条第1号で定める基準に適合する体制を整備しているものと整理することに障害はない。ただし、改正法第22条に基づき委託先に監督義務があることに留意が必要である。

13 確認・記録義務

（第三者提供に係る記録の作成等）

法第25条 個人情報取扱事業者は、個人データを第三者（第2条第5項各号に掲げる者を除く。以下この条及び次条において同じ。）に提供したときは、個人情報保護委員会規則で定めるところにより、当該個人データを提供した年月日、当該第三者の氏名又は名称その他の個人情報保護委員会規則で定める事項に関する記録を作成しなければならない。ただし、当該個人データの提供が第23条第1項各号又は第5項各号のいずれか（前条の規定による個人データの提供にあっては、第23条第1項各号のいずれか）に該当する場合は、この限りでない。

2 個人情報取扱事業者は、前項の記録を、当該記録を作成した日から個人情報保護委員会規則で定める期間保存しなければならない。

（第三者提供を受ける際の確認等）

法第26条 個人情報取扱事業者は、第三者から個人データの提供を受け

るに際しては、個人情報保護委員会規則で定めるところにより、次に掲げる事項の確認を行わなければならない。ただし、当該個人データの提供が第23条第1項各号又は第5項各号のいずれかに該当する場合は、この限りでない。

一　当該第三者の氏名又は名称及び住所並びに法人にあっては、その代表者（法人でない団体で代表者又は管理人の定めのあるものにあっては、その代表者又は管理人）の氏名

二　当該第三者による当該個人データの取得の経緯

2　前項の第三者は、個人情報取扱事業者が同項の規定による確認を行う場合において、当該個人情報取扱事業者に対して、当該確認に係る事項を偽ってはならない。

3　個人情報取扱事業者は、第1項の規定による確認を行ったときは、個人情報保護委員会規則で定めるところにより、当該個人データの提供を受けた年月日、当該確認に係る事項その他の個人情報保護委員会規則で定める事項に関する記録を作成しなければならない。

4　個人情報取扱事業者は、前項の記録を、当該記録を作成した日から個人情報保護委員会規則で定める期間保存しなければならない。

(1)　概　　要

　個人情報取扱事業者が第三者から個人データの提供を受ける場合には、違法に入手された個人データが流通することを抑止するため、当該第三者が当該個人データを取得した経緯等を確認する義務を課している（改正法第26条）。

　また、仮に個人データが不正に流通した場合でも、委員会が個人情報取扱事業者に対して報告徴収・立入検査を行い（改正法第40条）、記録を検査することによって、個人データの流通経路を事後的に特定することができるようにする必要がある。したがって、個人情報取扱事業者が第三者に個人デー

タを提供する場合または第三者から個人データの提供を受ける場合には、当該第三者の氏名等の記録を作成・保存しなければならない（改正法第25条、第26条）。

以上に加えて、オプトアウトを利用する個人情報取扱事業者の委員会への届出義務および委員会による公表の規定も新設されている（改正法第23条第2項から第4項まで）。

これらの制度により、提供者により適法に入手されたものではないと疑われるにもかかわらず、あえて個人データの提供を受けた場合には、「不正の手段」により取得したものとして改正法第17条第1項の規定違反と判断される可能性がある。仮に提供者によって適法に入手されたものではないと認識した場合には、その提供を受けないようにする必要がある。

(2) 確認記録GLの構成

他方、この確認・記録義務により、正常な事業活動を行っている個人情報取扱事業者に対する過度な負担を懸念する声が多く上がっていることから、現実的な規制を構築する必要がある（衆議院内閣委員会における附帯決議（平成27年5月20日）、参議院内閣委員会における附帯決議（平成27年8月27日））。

【衆議院内閣委員会における附帯決議（平成27年5月20日）】

1〜3 （略）

4 第三者提供に係る記録の作成等の義務については、その目的と実効性を確保しつつ、事業者に過度な負担とならないように十分に配慮するとともに、悪質な事業者への対策については一般の事業者に過度な負担とならないよう実態調査を行った上で、有効な措置を講ずること。

（略）

確認記録GLにおいては、違法に入手された個人データの流通を抑止する趣旨を踏まえつつ、事業者に対する過度な負担を回避するため、確認・記録義務の適切な運用の整理を示している。

この確認記録GLの構成は、明文上確認・記録義務が適用されない場合、解釈上確認・記録義務が適用されない場合を前半で説明している。また、後半においては、確認・記録義務が適用される場合のこれらの義務の内容について説明している。

確認記録GLの最終頁には、確認・記録義務の全体を鳥瞰したフローチャートを記載しているところである。このフローチャートで全体の流れを押さえながら、確認していただきたい。特に、このフローチャートの一番最後を見ると、原則どおりの確認・記録義務が適用されると記載しており、確認・記録義務の最終的な目的が、いわゆる名簿屋を介在とした個人データの不正な流通の抑止にあることを明確にしている。

(3)　明文上確認・記録義務が適用除外される場合

明文上、個人データを提供する際に、確認・記録義務が適用されるのは次の 2 類型である。

・本人の同意に基づき第三者提供する場合（改正法第23条第 1 項）

・オプトアウトにより第三者提供する場合（改正法第23条第 2 項）

図表 2 −18　確認・記録義務の全体図

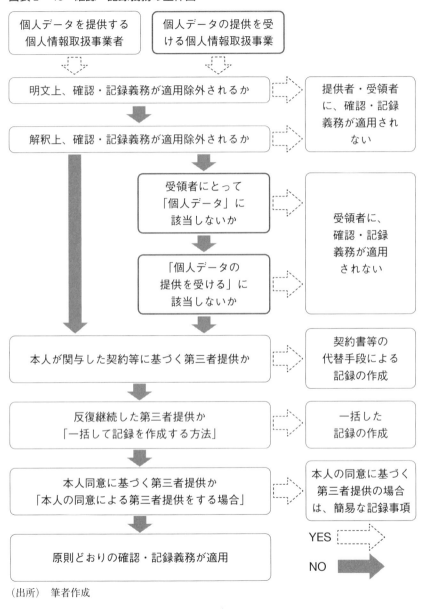

（出所）　筆者作成

そして、明文上、確認・記録義務の対象から除外される個人データの提供は次のアからウまでに掲げる場合である。

　いずれも、改正法第25条、第26条ともに共通である。

ア　改正法第23条第1項各号に掲げる場合

法第25条　個人情報取扱事業者は、個人データを第三者…に提供したときは、…記録を作成しなければならない。ただし、当該個人データの提供が第23条第1項各号…に該当する場合は、この限りでない。

法第26条　個人情報取扱事業者は、第三者から個人データの提供を受けるに際しては、…次に掲げる事項の確認を行わなければならない。ただし、当該個人データの提供が第23条第1項各号…に該当する場合は、この限りでない。

　次の(1)から(4)までに掲げる第三者提供については、改正法第23条第1項の第三者提供制限が適用されない類型である。これらの類型においては、個人データが転々流通することは想定されにくいことにかんがみ、確認・記録義務も適用されないこととされている。

---

　(1)　法令に基づく場合（改正法第23条第1項第1号関係）

　(2)　人（法人を含む。）の生命、身体又は財産の保護のために必要がある場合であって、本人の同意を得ることが困難であるとき（改正法第23条第1項第2号関係）

　(3)　公衆衛生の向上又は児童の健全な育成の推進のために特に必要がある場合であって、本人の同意を得ることが困難であるとき（改正法第23条第1項第3号関係）

　(4)　国の機関若しくは地方公共団体又はその委託を受けた者が法令の定める事務を遂行することに対して協力する必要がある場合であって、

本人の同意を得ることにより当該事務の遂行に支障を及ぼすおそれが
あるとき（改正法第23条第1項第4号関係）

改正法第23条第1項各号の解釈、具体例については、本章9「第三者提供
の制限」を参照。上記のほかにも、確認・記録義務に関連して、同項第2号
に該当する例として次のQ&Aを示している。

> **Q10－3**　訴訟代理人の弁護士・裁判所に、訴訟の相手方に係る個人
> データを含む証拠等を提出する場合、記録をしなければなりません
> か。
>
> **A10－3**　訴訟追行のために、訴訟代理人の弁護士・裁判所に、訴訟の
> 相手方に係る個人データを含む証拠等を提出する場合は、「財産の保
> 護のために必要がある」といえ、かつ、一般的に当該相手方の同意を
> 取得することが困難であることから、法第23条第1項第2号に該当し
> 得るものであり、その場合には記録義務は適用されないものと考えら
> れます。

イ　改正法第23条第5項各号に掲げる場合

> **法第25条**　個人情報取扱事業者は、個人データを第三者…に提供したと
> きは、…記録を作成しなければならない。ただし、当該個人データの
> 提供が第23条…第5項各号…に該当する場合は、この限りでない。
>
> **法第26条**　個人情報取扱事業者は、第三者から個人データの提供を受け
> るに際しては、…次に掲げる事項の確認を行わなければならない。た
> だし、当該個人データの提供が第23条…第5項各号…に該当する場合
> は、この限りでない。

次に掲げる場合については、個人データの提供先は個人情報取扱事業者とは別の主体として形式的には第三者に該当するものの、本人との関係において提供主体である個人情報取扱事業者と一体のものとして取り扱うことに合理性があるため、第三者に該当しないものとされている（改正法第23条第5項参照）。この趣旨にかんがみて、確認・記録義務も適用されないと規定されている。

・個人情報取扱事業者が利用目的の達成に必要な範囲内において個人データの取扱いの全部又は一部を委託することに伴って当該個人データが提供される場合（改正法第23条第5項第1号関係）
・合併その他の事由による事業の承継に伴って個人データが提供される場合（改正法第23条第5項第2号関係）
・特定の者との間で共同して利用される個人データが当該特定の者に提供される場合であって、その旨並びに共同して利用される個人データの項目、共同して利用する者の範囲、利用する者の利用目的及び当該個人データの管理について責任を有する者の氏名又は名称について、あらかじめ、本人に通知し、又は本人が容易に知り得る状態に置いているとき（改正法第23条第5項第3号関係）

ウ　第三者が改正法第2条第5項各号に掲げる者である場合

法第25条　個人情報取扱事業者は、個人データを第三者（第2条第5項各号に掲げる者を除く。以下この条及び次条において同じ。）に提供したときは、…記録を作成しなければならない。（略）

　個人データを授受する相手が、改正法第2条第5項各号に掲げる者である場合においては、改正法第25条、第26条の適用にあたっては「第三者」から除外されることとなる。具体的に、次に掲げる者である。

① 国の機関（改正法第2条第5項第1号）

② 地方公共団体（改正法第2条第5項第2号）

③ 独立行政法人等（独立行政法人等の保有する個人情報の保護に関する法律（平成15年法律第59号）第2条第1項に規定する独立行政法人等をいう）（改正法第2条第5項第3号）

④ 地方独立行政法人（地方独立行政法人法（平成15年法律第118号）第2条第1項に規定する地方独立行政法人をいう）（改正法第2条第5項第4号）

したがって、例えば、金融分野における個人情報取扱事業者において、市役所などから医療法人などの名簿データを取得するような場合、仮に当該電子データが「個人データ」に該当するときでも、確認・記録義務は適用されない。

⑷ 外国にある第三者に個人データを提供する場合の記録義務の適用

外国にある第三者に対する個人データの提供は、次の類型ⅠからⅣまでに分けられる。これらの各類型と記録義務の適用関係は、図表2−19のとおりとなる。

・類型Ⅰ……本人の「同意」（改正法第24条）を得ている場合

・類型Ⅱ……当該第三者が、我が国と同等の水準にあると認められる個人情報保護制度を有している国として規則で定められた国にある場合

・類型Ⅲ……当該第三者が、個人情報取扱事業者が講ずべき措置に相当する措置を継続的に講ずるために必要な体制として規則で定める基準に適合する体制を整備している場合

・類型Ⅳ……「改正法第23条第1項各号に掲げる場合」に該当する場合

上記の類型Ⅱおよび類型Ⅲは、改正法第24条が適用されないため、原則的規定である改正法第23条が適用されることとなる。したがって、この場合は、上記(3)のイが適用されるため、改正法第23条第5項各号に掲げるときは

図表2−19　適 用 表

類型の別		記録義務の 適用の有無
類型Ⅰ		有
類型Ⅱ または類型Ⅲ	「第23条第5項各号に掲げる場合」に 該当しない場合	
	「第23条第5項各号に掲げる場合」に 該当する場合	無
類型Ⅳ		

（出所）　確認記録GL

記録義務が適用されないこととなる。また、類型Ⅳは、上記(3)のアが適用されるため、この場合も記録義務は適用されない。

　したがって、理論上は、外国にある第三者に個人データを提供される際に確認記録義務が適用されるのは次の2つである

・改正法第23条第1項柱書に基づく「本人の同意」または改正法第24条に基づく「本人の同意」により提供する場合

・改正法第23条第2項（オプトアウト）に基づき提供する場合

　なお、記録義務が適用される場合の記録の作成方法、記録事項などについては、国内の第三者に個人データを提供する場合と同様である。

Q10−2　外国にある第三者に個人データを提供する場合、法第25条に基づく記録を作成しなければなりませんか。また、この場合において、提供者は、法第24条・施行規則第11条第1号との関係において、当該第三者からさらに別の第三者に提供する場合に記録を作成するように措置を講じなければなりませんか。

A10−2　外国にある第三者に個人データを提供する場合でも、原則として、法第25条に基づく記録義務は適用されます。具体的には、ガイドライン（第三者提供時の確認・記録義務編）2−1−2の【外国に

ある第三者に個人データを提供する場合の記録義務の適用】のとおり
です。

　他方、法第24条・施行規則第11条第１号との関係において、当該第
三者から別の第三者に提供する場合においては、法第25条に基づく記
録に相当する記録を作成する措置を講じる必要はありません。

(5)　解釈上確認・記録義務が適用除外される場合

ア　提供者および受領者のいずれともに確認・記録義務が適用されない場合

　形式的には第三者提供の外形を有する場合であっても、確認・記録義務の
趣旨にかんがみて、実質的に確認・記録義務を課する必要性に乏しい第三者
提供については、同義務の対象たる第三者提供には該当しない。

　第三者提供、すなわち、「提供者」から「受領者」に対する「提供」行為
については、確認・記録義務の趣旨にかんがみて、各要素の該当性を判断す
る。

　なお、次の㋐から㋒までのいずれの類型においても、実質的に本人同意が
あることが前提であり、オプトアウトによる第三者提供（改正法第23条第２
項）には、基本的には、次の考え方は当てはまらない。

Q10－21　オプトアウトによる第三者提供について、確認・記録義務が
　適用されない場面はありますか。
A10－21　ありません。

　すなわち、解釈上確認・記録義務が適用されない第三者提供は、あくまで
改正法第23条第１項柱書に基づき、本人同意を得ていることが前提となる
（図表２－20参照）。

　前半における、解釈上確認・記録義務が適用除外される場合の具体例とし
ては、「本人による提供」「本人に代わって提供」「本人側への提供」「受領者

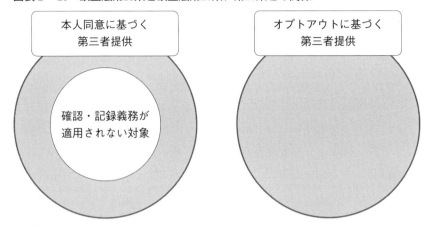

図表2-20　改正法第23条と改正法第25条、第26条との関係

| 本人同意に基づく第三者提供 | オプトアウトに基づく第三者提供 |

確認・記録義務が適用されない対象

　　　　　　　　　　　　　　：確認・記録義務が適用される対象（注）

（注）　「第三者」が国等である場合は、除外している。
（出所）　筆者作成

にとって個人データに該当しない場合」などについて、具体例とともに確認記録GLにて記載しているところである。

　㋐　「提供者」の考え方

　次の①「本人による提供」または②「本人に代わって提供」に該当する場合は、実質的に「提供者」による提供ではないものとして、確認・記録義務は適用されない。

①　本人による提供……事業者が運営するSNS等に本人が入力した内容が、自動的に個人データとして不特定多数の第三者が取得できる状態に置かれている場合は、実質的に「本人による提供」をしているものである。

　したがって、個人情報取扱事業者がSNS等を通じて本人に係る個人データを取得したときでも、SNS等の運営事業者および取得した個人情報取扱事業者の双方において、確認・記録義務は適用されない。

　なお、後述のとおり、単に、SNS等を閲覧する場合においては、改正法

第26条は適用されない（本章13⑸イ(イ)「提供を受けるに際して」参照）。

【本人による提供に該当する事例】

事例）SNS上で、投稿者のプロフィール、投稿内容等を取得する場合

　ブログやその他のSNSに書き込まれた個人データを含む情報については、当該情報を書き込んだ者の明確な意思で不特定多数又は限定された対象に対して公開されている情報であり、その内容を誰が閲覧できるかについて当該情報を書き込んだ者が指定していることから、その公開範囲について、インターネット回線への接続サービスを提供するプロバイダやブログその他のSNSの運営事業者等に裁量の余地はないため、このような場合は、当該事業者が個人データを第三者に提供しているとは解されない。

図表２−21　本人による提供

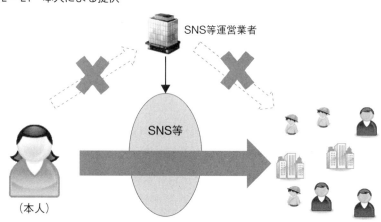

【考え方】
「本人による提供」（≠「事業者による第三者提供」）
（出所）　筆者作成

【平成27年5月20日　第189回国会衆議院内閣委員会　第7号】

〈政府参考人　向井審議官〉

　（略）一般的なブログにつきましては、個人が書き込んだ情報の公開については、当該個人が書き込んだ内容を誰が閲覧できるかを、当該個人自身が公開範囲として指定していることから、公開範囲について事業者の裁量の余地はないというふうに考えられます。

　仮に、これを事業者が第三者に提供するものであると捉えますと、例えば、ブログに個人が友人等の写真とあわせて情報を書き込むような場合には、事業者は当該友人の同意を得ずに第三者に提供することとなり、違法状態が生ずることになるんですけれども、それは国内におきましてもそういうような整理がなされていない、要するに第三者提供とは捉えられていないというふうなことだと思います。

　したがいまして、そういうふうな、本人が、例えばブログに出したものがほかのところにも自動的に出されるようなことを意識しておる場合

図表2-22　本人に代わって第三者提供

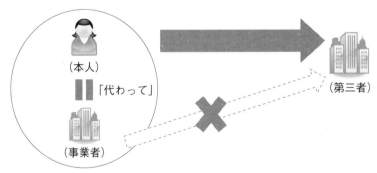

【考え方】

「本人に代わって第三者提供」（≠「事業者による第三者提供」）

（注）　本人の明示または黙示の同意は必要

（出所）　筆者作成

には、それはむしろ、本人の提供というふうに捉えるべき場合もあるのではないかというふうに考えます。

（下線は筆者による）

② 本人に代わって提供……個人情報取扱事業者が本人からの委託等に基づき当該本人の個人データを第三者提供する場合は、当該個人情報取扱事業者は「本人に代わって」個人データの提供をしているものである。

したがって、この場合の第三者提供については、提供者・受領者のいずれに対しても確認・記録義務は適用されない。

個人情報取扱事業者が本人からの委託等に基づいて個人データを提供しているものと評価し得るか否かは、主に、委託等の内容、提供の客体である個人データの内容、提供するときおよび提供先の個人情報取扱事業者等の要素を総合的に考慮して、本人が当該提供を具体的に特定できているか否かの観点から判断することになる。

なお、本人から個人データの提供の委託等を受ける場合において、当該個人データに、「本人」以外の者の個人データが含まれる場合もあり得るが、この場合も結論は同様である。

【本人に代わって個人データを提供している事例】

事例１）本人から、別の者の口座への振込依頼を受けた仕向銀行が、振込先の口座を有する被仕向銀行に対して、当該振込依頼に係る情報を提供する場合

事例２）事業者のオペレーターが、顧客から販売商品の修理依頼の連絡を受けたため、提携先の修理業者につなぐこととなり、当該顧客の同意を得た上で当該顧客に代わって、当該顧客の氏名、連絡先等を当該修理業者に伝える場合

事例３）事業者が、取引先から、製品サービス購入希望者の紹介を求められたため、顧客の中から希望者を募り、購入希望者リストを事業者

に提供する場合

事例4）本人がアクセスするサイトの運営業者が、本人認証の目的で、既に当該本人を認証している他のサイトの運営業者のうち当該本人が選択した者との間で、インターネットを経由して、当該本人に係る情報を授受する場合

事例5）保険会社が事故車の修理手配をする際に、本人が選択した提携修理工場に当該本人に係る情報を提供する場合

事例6）取引先・契約者から、専門業者・弁護士等の紹介を求められ、専門業者・弁護士等のリストから紹介を行う場合

事例7）事業者が、顧客から電話で契約内容の照会を受けたため、社内の担当者の氏名、連絡先等を当該顧客に案内する場合

事例8）本人から、取引の媒介を委託された事業者が、相手先の候補となる他の事業者に、価格の妥当性等の検討に必要な範囲の情報を提供する場合

事例9）顧客からグループ会社の紹介を求められたため、当該顧客本人の氏名・住所等の連絡先等を、当該グループ会社に提供する場合

事例10）取引先A社からの依頼に基づき、取引先B社の窓口担当者の氏名・連絡先等を、同窓口担当者の同意を得て、A社に伝達する場合

事例11）A社が、自己の提供する役務とB社の提供する別の役務とをセットで販売して、B社に購入者の個人データを提供する場合

事例12）小売業者Aは、顧客から製品の注文を受けた場合に、当該製品のメーカーに、当該顧客の氏名・住所を伝え、当該メーカーから当該製品を当該顧客に送付しているところ、当該メーカーに個人データを提供する場合

(イ) 「受領者」の考え方

本人の代理人または家族等、本人と一体と評価できる関係にある者に提供する場合、本人側に対する提供とみなし、受領者に対する提供には該当せ

図表2－23　本人"側"に対する提供

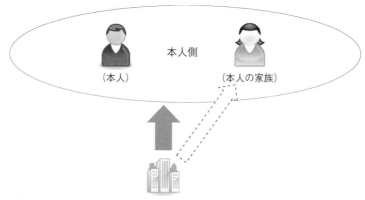

【考え方】
「本人"側"に対する提供」（≠"第三者に対する提供"）
（注）　本人の同意は必要
（出所）　筆者作成

ず、確認・記録義務は適用されない。なお、常に家族であることをもって本人側と評価されるものではなく、個人データの性質、両者の関係等にかんがみて実質的に判断する必要がある。

　また、提供者が、最終的に本人に提供することを意図した上で、受領者を介在して第三者提供を行い、本人がそれを明確に認識できる場合は、同じく、本人側に対する提供とみなし、確認・記録義務は適用されない。

【本人と一体と評価できる関係にある者に提供する事例】
　事例）金融機関の営業員が、家族と共に来店した顧客に対して、保有金
　　　　融商品の損益状況等を説明する場合

【提供者が、最終的に本人に提供することを意図した上で、受領者を介在して提供を行う事例】
　事例）振込依頼人の法人が、受取人の口座に振り込むため、個人の氏

名、口座番号などの個人データを仕向銀行を通じて被仕向銀行に提供する場合

　上記の例は、ほぼすべての民間事業者に関係があると思われる。すなわち、従業員の口座に給与を振り込むケースなど、振込依頼人の法人が、受取人の口座に振り込むため、個人の氏名、口座番号などの個人データを仕向銀行を通じて被仕向銀行に提供する場合においては、提供者が、最終的に本人に提供することを意図した上で、受領者を介在して第三者提供を行い、本人がそれを明確に認識できる場合は、本人側に対する提供とみなし、確認・記録義務は適用されない旨を明確にしている。

　そのほか、「本人側に対する提供」と整理され得る例として、次のQ＆Aを示している。

Q10－10　顧客が別の者を指定して、自己に連絡をする際は指定した者を通すようにと事業者に要請していた場合、その連絡内容に当該顧客に係る個人データが含まれていたときは、当該者に第三者提供をしたものとして、記録を作成しなければなりませんか。

A10－10　本人と一体と評価できる関係にある者に提供しているものとして、記録義務は適用されません。

Q10－11　後見人の他に、保佐人、補助人も、「本人と一体と評価できる関係にある者」と評価することはできますか。

A10－11　家庭裁判所から選任された保佐人、補助人の権限の範囲内で個人データの提供が行われる場合には、「本人と一体と評価できる関係にある者」に該当するものと考えられます。

Q10－12　従業員の口座に給与を振り込む際も、記録義務は適用されますか。

A 10−12 従業員の口座に給与を振り込む場合は、提供者が、最終的に本人に提供することを意図した上で、受領者を介在して提供を行っているものであるので、記録義務は適用されないものと考えられます。

(ウ) 「提供」行為の考え方

不特定多数の者が取得できる公開情報は、本来であれば受領者も自ら取得できる情報であり、それをあえて提供者から受領者に提供する行為は、受領者による取得行為を提供者が代行しているものであることから、実質的に確認・記録義務を課すべき第三者提供には該当せず、同義務は適用されない。

例えば、ウェブサイト等で公表されている情報、報道機関により報道されている情報、登記されている情報などが該当する。他方、特定の者のみアクセスできる情報、提供者の業務上取得し得た非公開の情報などについては、ここでの整理は当てはまらない。

なお、その公開された個人データについて、当初に公開に供した公開者については、提供者として記録を作成しなければならない（規則第13条第1項第1号ロ括弧書）。

また、いわゆる公開情報であっても、「個人情報」（改正法第2条第1項）に該当するため、改正法第4章第1節のうち、確認・記録義務以外の規定は適用されることには留意する必要がある。

Q 10−13 公開情報を収集してデータベース化している事業者から当該情報の提供を受ける場合は、元の情報が公開情報であることから確認・記録義務は適用されませんか。

A 10−13 データベースの内容が、「不特定多数の者が取得できる公開情報」である場合には、当該データベースの提供を受ける行為については、確認・記録義務は適用されません。

㊀ 金融分野における具体例

前述の具体例に加えて、金融分野に特有の具体例としては次のものが挙げられる。

・銀行がアレンジャー／エージェントに就任するシンジケーション取引において、各参加確定金融機関の委任（準委任）を受け、アレンジャー／エージェントに就任した銀行が、借入に係る保証人の個人データ）について、当該保証人本人から直接アレンジャーに対して提供があり、他の金融機関への伝達をした場合（確認記録GLの意見募集手続における回答No841）

・外国送金（確認記録GLの意見募集手続における回答No843）

・電子記録債権取引（確認記録GLの意見募集手続における回答No845）

・従業員持株信託（確認記録GLの意見募集手続における回答No846）

・財形貯蓄制度（確認記録GLの意見募集手続における回答No847）

・銀行のローンに関する信用保証会社と銀行間の情報授受（確認記録GLの意見募集手続における回答No848）

・提携ローンにおける銀行と提携先（職域提携ローンにおける提携企業や、業者提携ローンにおける不動産業者等）間の情報授受（確認記録GLの意見募集手続における回答No848）

上記の例以外にも、例えば、金融分野における個人情報取扱事業者においては、様々なセミナーを開催するため、顧客である各企業に対して出席を呼び掛けることがあると思われる。その際に、参加する企業から出席者リストの提供を受けることがあろう。このような場合、形式的には、出席者の個人データを当該企業から当該金融機関が第三者提供を受けたようにも見受けられるが、実質的に、本人たる出席者からみて、所属する企業からセミナー主催者である金融機関に自分の名前などが提供されることは明確であることから、このような場合は、「本人に代わって」提供を受けたものと評価し、確

認・記録義務は提供されないものと整理することが可能である。

　また、例えば、金融分野における個人情報取扱事業者においては、各店舗の建物の維持管理のために、清掃会社などの外部事業者と契約し、自社の建物内の清掃などの作業を業務委託する場面があるものと思われる。その際に、本人確認等の観点から、当該外部事業者から実際に建物内で作業をする従業員の名簿を取得することがあり得る。このような場面においては、形式的には、当該従業員の個人データを当該外部事業者から第三者提供を受けたようにも見受けられるが、実質的に、本人たる従業員からみて、所属する外部事業者から自らが作業する建物のオーナーである金融機関に自分の名前などが提供されることは明確であることから、このような場合は、「本人に代わって」提供を受けたものと評価し、確認・記録義務は提供されないものと整理することが可能である。

イ　受領者に確認・記録義務が適用されない場合

　㋐　改正法第26条の「個人データ」の該当性

　改正法第26条は、「個人データ」の提供を受ける際に適用される義務であるところ、「個人情報」には該当するが「個人データ」には該当しない情報の場合、または、そもそも「個人情報」に該当しない情報の提供を受けた場合は、同条の義務は適用されない。

①　受領者にとって「個人データ」に該当しない場合

　（i）　判断主体……改正法第26条の要件の該当性は、同条の名宛人である受領者を基準に判断する必要があるため、提供者にとって個人データに該当するが受領者にとって個人データに該当しない情報を受領した場合は、同条の確認・記録義務は適用されない。

　　　したがって、例えば、個人情報取扱事業者の営業担当者が、取引先を紹介する目的で、データベースとして管理しているファイルから名刺1枚を取り出してそのコピーを他の個人情報取扱事業者の営業担当者に渡す場合、受領した側の個人情報取扱事業者は確認・記録義務を負わない。

なお、本来であれば個人データに該当するにもかかわらず、確認・記録義務を免れる目的のために、あえて分断して形式的に「個人データには該当しない個人情報」として提供を受ける行為は、改正法の潜脱であり、確認・記録義務を免れることはできない。

(ⅱ)　判断時点……個人データには該当しない個人情報として提供を受けた場合、仮に、後に当該個人情報を個人情報データベース等に入力する等したときにおいても、改正法第26条の確認・記録義務は適用されない。

　なお、受領後、受領者が当該個人情報を自己のデータベースに入力した場合には、入力時点から個人情報データベース等を構成する個人データに該当することとなり、改正法第19条から改正法第34条までの規定（改正法第26条を除く）が適用されることに留意する必要がある。

Q10－17　個人データの第三者提供を受ける際に、受領者にとって「個人データ」に該当しない場合、法第26条に加えて、他の法第4章第1節に規定される条文も適用されませんか。

A10－17　受領者にとって個人データに該当しない場合であっても、個人情報に該当するときは、個人情報に係る規定である法第15条から第18条及び第35条の規定を遵守する必要があります。

　また、個人データの第三者提供を受けた後、受領者が当該個人情報を自己のデータベースに入力した場合には、入力時点から個人情報データベース等を構成する個人データに該当することになるため、法第19条から第34条までの規定（第26条を除く。）が適用されることとなります。

(ⅲ)　(ⅰ)、(ⅱ)を踏まえ、受領者たる個人情報取扱事業者に対しては、提供を受ける時点において、個人データに該当する場合に、確認・記録義務が適用される。

Q10－14　顧客から、当該顧客の配偶者の紹介を受ける行為について、確認・記録義務が適用されますか。

A10－14　受領者にとって個人データに該当しない個人情報を受領したものと考えられ、確認・記録義務は適用されません。

Q10－15　顧客から別の者を紹介してもらう場合に、1名ではなく、夫婦・家族の連絡先をまとめて紹介される場合においても、個人データに該当しないときであれば、第三者提供の確認・記録義務の対象になりませんか。

A10－15　第三者から複数の個人情報の提供を受ける場合であっても、個人データに該当しない場合には、確認・記録義務は適用されません。

Q10－16　電話や口頭で個人情報を聞いた場合には、確認・記録義務は適用されますか。

A10－16　個人データに該当しない個人情報を取得した場合には、確認・記録義務は適用されません。

② 受領者にとって「個人情報」に該当しない場合

　次の事例のように、提供者にとって個人データに該当する場合であっても、受領者にとっては「個人情報」に該当しない（当然に個人データにも該当しない）情報を受領した場合は、改正法第26条の確認・記録義務は適用されない。

【受領者にとって個人情報に該当しない事例】

事例1）提供者が氏名を削除するなどして個人を特定できないようにしたデータの提供を受けた場合

事例2）提供者で管理しているID番号のみが付されたデータの提供を
受けた場合

なお、当然のことながら、上記の「事例1」の「…氏名を削除…」は匿名
加工情報のことを指すものではない。匿名加工情報を作成するためには、規
則で定める基準を満たす必要があるため、氏名を削除したからといって匿名
加工情報と評価されるものではない。

　㈡　「提供を受けるに際して」

　改正法第26条の確認・記録義務は、受領者にとって、「第三者から個人
データの提供を受ける」行為がある場合に適用されるため、単に閲覧する行
為については、「提供を受ける」行為があるとはいえず、同条の義務は適用
されない。

　なお、提供者たる個人情報取扱事業者が、個人データを第三者が利用可能
な状態に置く行為は、提供行為に該当する。

Q10－18　データベース業者と契約を締結し、ネットワークで繋がった
　　上で、当該データベース業者のデータベースを自己の端末で参照し、
　　そのデータベースの内容は当該データベース事業者が随時更新を行う
　　場合において、それを利用する事業者に確認・記録義務は適用されま
　　すか。
A10－18　データベース業者が自己の支配下で管理しているデータベー
　　スを単に参照する場合には、確認・記録義務は適用されません。

　また、口頭、FAX、メール、電話等で、受領者の意思とは関係なく、一
方的に個人データを提供された場合において、受領者側に「提供を受ける」
行為がないときは、改正法第26条の確認・記録義務は適用されない。

ウ　そのほかに確認・記録義務の対象とならない個別事例

　確認・記録義務の趣旨にかんがみて、そのほかにも、実質的に同義務が適

用されない類型があることを排除するものではない。例えば、Q&Aでは次の2つの例を示している。

> **Q10-19** 本人以外の者（「当初の提供元」）から個人データの提供を受けた場合において、あらかじめ公表している利用目的の範囲内で、後日、当初の提供元に対して、同じ内容の個人データを提供するとき、確認・記録義務は適用されますか。
>
> **A10-19** 当初の提供の際に作成した記録の枠内であれば、改めて、確認・記録義務は適用されません。なお、当初に作成した記録の範囲内にとどまらず、実質的に新規の第三者提供と同視される場合は、確認・記録義務が適用されるものと考えられます。

　例えば、提供者から受領者に個人データを提供し記録を作成した場合において、再度、当該提供者から当該受領者に対して同一内容の個人データを提供するときは、規則第13条第2項により、再度の記録作成は不要である（本章13⑹イ㋒「記録事項の省略」参照）。

　これに対して、逆に、当該受領者が当該提供者に対して個人データを戻す形で提供するケースがあり得る。このケースについては、明文上の規定はないものの、既に作成された記録の範囲の中での授受であることから、再度、記録を作成する必要性は、上記の場合と同様に、乏しい。

　よって、Q&A10-19により、後者の場合についても、記録義務の趣旨にかんがみて、再度の記録作成が不要である旨が明確にされている。

> **Q10-20** 金融機関から債権の買取りを行うに際して、当該金融機関と守秘義務契約を締結して入札に参加する場合において、債権譲受候補者が当該金融機関から提供を受けた債務者データ（個人データ）を利用して譲渡対象債権のデューデリジェンスを行って入札価格を提示したものの、落札に至らなかったために、守秘義務契約に基づき当該

データを速やかに削除する例においては、当該候補者は確認・記録義
務を履行する必要がありますか。

A10－20　かかる例においては、その提供の形態は実質的に委託又は事
業承継に類似するものと認められ、また、提供者・受領者間において契
約により提供の対象となる個人データを削除することとなっているも
のであり、その他確認・記録義務を課すべき特段の事情がないものとい
え、当該候補者に確認・記録義務は適用されないものと考えられます。

　金融分野においては、このQ＆A10－20が関係する個人情報取扱事業者も
多いものと思われる。主に、銀行等から債権の買取りを行う実務がある。通
常、このような場合、まず、応札候補者により入札の対象となる債権の
デューデリジェンスが行われる。この際に、債務者の氏名等を削除するなど
して、特定の個人の識別性を排した上でデューデリジェンスが行われるケー
スもあるが、他方で、削除などの措置は行わず、債務者の氏名なども含めて
そのまま、応札候補者によりデューデリジェンスが行われるケースもあり得
る。後者のケースにおいては、債務者に係る個人データの提供そのものであ
ることから、確認・記録義務との関係が論点となり得る。

　このようなデューデリジェンスについては、従来より、「本人同意に基づ
く第三者提供」と整理されてきた。

（問Ⅴ－4）　債権譲渡の実務においては、債権の譲渡人は譲受人に対
し、債権者としての十分な管理回収を行わせしめ、譲渡人及び譲受人
の経済的利益を保護するため、債権そのものに加えて債務者に関連す
る個人情報を移転することが不可欠であるが、こうした場合にも、個
人情報保護法上、債務者本人から第三者に提供することについて明示
的な同意を得ることが必要なのか。

（答）

　（略）

債権譲渡に付随して譲渡人から譲受人に対して当該債権の管理に必要な範囲において債務者及び保証人等に関する「個人データ」が提供される場合には、個人情報保護法第23条により求められる第三者提供に関する本人の同意を事実上推定できるため、改めて明示的に本人の同意を得る必要は個人情報保護法上ないものと解されます。

（略）

　このような債権譲渡について第三者提供の同意を事実上推定する考え方は、証券化の場合にも適用され得ると考えます。証券化の前提である債権の譲渡に関連して行われるデューデリジェンスや譲受人の選定等、当然必要な準備行為についても、（債権の管理に必要な範囲に含まれるものとして）同意の事実上の推定が及ぶものと解されます。

　したがって、債権譲渡の準備行為のため、当該債権の債務者等に関する情報を、譲渡先候補者に対して開示することについても、当該「個人データ」の開示が、債権譲渡のために「当然必要な準備行為」であり、「債権の管理に必要な範囲に含まれる」と認められる場合には、債権の譲渡人等の側で合理的に説明できる限りにおいて同意の事実上の推定が及ぶものと解されます。

（出所）　「金融機関における個人情報保護に関するＱ＆Ａ」（個人情報保護委員会事務局・金融庁）

　上記に引用した「金融機関における個人情報保護に関するＱ＆Ａ」（問Ⅴ－４）の内容は、本改正前から変わっていない。

　ただ、実際には、「その提供の形態は実質的に委託又は事業承継に類似するもの」といえ、委託（改正法第23条第５項第１号）および事業承継（同項第２号）が確認・記録義務の対象から除外されている趣旨にかんがみて、本ケースにおいても、確認・記録義務から除外すべき結論に親和性を有するものといえる。

　また、「提供者・受領者間において契約により提供の対象となる個人デー

タを削除することとなっている」という事実も、確認・記録義務の適用を否定する結論を根拠付ける要素である。すなわち、仮に、このような場合に記録の作成を義務付けるとなると、守秘義務契約により削除すべき個人情報を残すことを強いられることとなり（規則第17条第1項第1号ハ）、かえって本人の権利利益の保護に悖ることとなる。

　他方で、形式的に守秘義務契約があることをもって確認・記録義務の対象外とすると、潜脱的に同義務を免れようとする事業者が出てくるおそれがあり、その場合は「確認・記録義務を課すべき特段の事情」があるものと考えることになる。

　以上のことから、Q&A10-20に表記されているような、既に健全な実務が運用されている債権入札の場面においては、確認・記録義務が不要となる旨を明確にしているものである。

　なお、当然のことながら、実際に応札に至り債権を買い取った個人情報取扱業者においては、原則どおり、確認・記録義務の履行が必要となる。

　㈦　クラウドサービスを利用する場合

　本章12⑻「クラウドサービスについて」のとおり、個人情報取扱事業者が、クラウド事業者の提供するクラウドサービスを利用し、個人データをクラウド等に保管する場合においても、Q&A5-33等で示す基準を満たす場合においては、改正法第23条、第24条の「提供」に該当しないと同時に、改正法第25条の「提供」にも該当しない。

　したがって、当該場合において、記録を作成する義務は適用されないこととなる。

⑹　確認・記録義務が適用される場合の具体的内容

ア　確認義務（改正法第26条第1項・第2項、規則第15条関係）

　㈎　確認事項および確認方法（改正法第26条第1項、規則第15条関係）

　個人情報取扱事業者は、第三者から個人データの提供を受ける際は、当該第三者に対して、次のⅠからⅢまでのとおり確認を行わなければならない。

この際、当該第三者は当該個人情報取扱事業者に対して、当該確認に係る事項を偽ってはならない（改正法第26条第2項。同項に違反した場合には改正法第88条により10万円以下の過料）。

I　第三者の氏名および住所ならびに法人にあっては、その代表者の氏名
　（改正法第26条第1項第1号、規則第15条第1項関係）

規則第15条　法第26条第1項の規定による同項第1号に掲げる事項の確認を行う方法は、個人データを提供する第三者から申告を受ける方法その他の適切な方法とする。

【第三者から申告を受ける方法に該当する事例】

事例1）口頭で申告を受ける方法

事例2）所定の申込書等に記載をさせた上で、当該申込書等の提出を受け入れる方法

事例3）本人確認書類の写しの送付を受け入れる方法

【その他の適切な方法に該当する事例】

事例1）登記されている事項を確認する方法（受領者が自ら登記事項証明書・登記情報提供サービスで当該第三者の名称・住所・代表者の氏名を確認する方法）

事例2）法人番号（行政手続における特定の個人を識別するための番号の利用等に関する法律第2条第15項に規定する法人番号をいう。）の提示を受けて、当該法人の名称、住所を確認する方法

事例3）当該第三者が自社のホームページなどで名称、住所、代表者の氏名を公開している場合において、その内容を確認する方法

事例4）信頼性のおける民間のデータ業者のデータベースを確認する方法

事例5）上場会社等の有価証券報告書等を確認する方法

Q10−22 第三者から個人データの提供を受ける際は、代表取締役の氏名を確認しなければなりませんか。

A10−22 法第26条第1項第1号の「代表者」には、代表権を有する者の他、確認の対象となる第三者提供を業務として執行する権限を有している者も含まれます。

Ⅱ 第三者による個人データの取得の経緯（改正法第26条第1項第2号、規則第15条第2項関係）

規則第15条

2 法第26条第1項の規定による同項第2号に掲げる事項の確認を行う方法は、個人データを提供する第三者から当該第三者による当該個人データの取得の経緯を示す契約書その他の書面の提示を受ける方法その他の適切な方法とする。

個人情報取扱事業者は、第三者から個人データの提供を受ける際は、当該第三者による当該個人データの「取得の経緯」を確認しなければならない。

「取得の経緯」を確認する趣旨としては、提供を受けようとする個人データが適法に入手されたものではないと疑われる場合に、当該個人データの利用・流通を未然に防止する点にある。

仮に、適法に入手されたものではないと疑われるにもかかわらず、あえて個人データの提供を受けた場合には、改正法第17条第1項の規定違反と判断されるおそれがある。

「取得の経緯」の具体的な内容は、個人データの内容、第三者提供の態様などにより異なり得るが、基本的には、取得先の別（顧客としての本人、従

業員としての本人、他の個人情報取扱事業者、家族・友人等の私人、いわゆる公開情報等）、取得行為の態様（本人から直接取得したか、有償で取得したか、いわゆる公開情報から取得したか、紹介により取得したか、私人として取得したものか等）などを確認しなければならない。

なお、あくまで、個人データを提供した「第三者」による取得の経緯を確認すれば足り、そこから遡って当該「第三者」より前に取得した者の取得の経緯を確認する義務はない。

【適切な方法に該当する事例】

事例1）提供者が別の者から個人データを買い取っている場合には売買契約書などを確認する方法

事例2）提供者が本人から書面等で当該個人データを直接取得している場合に当該書面等を確認する方法

事例3）提供者による取得の経緯が明示的又は黙示的に示されている、提供者と受領者間の契約書面を確認する方法

事例4）提供者が本人の同意を得ていることを誓約する書面を受け入れる方法

事例5）提供者のホームページで公表されている利用目的、規約等の中に、取得の経緯が記載されている場合において、その記載内容を確認する方法

事例6）本人による同意書面を確認する方法

Q10−23　「取得の経緯」を対面又は電話により口頭で確認する方法は認められますか。

A10−23　口頭で申告を受ける方法も否定されませんが、法第17条第1項に抵触しないことが担保されるように、正確に確認し、法第26条第3項に基づき記録を作成しなければならない点に留意する必要があり

ます。

Ⅲ　法の遵守状況（確認することが望ましい事項）

　受領者は、個人情報取扱事業者から個人データの提供を受ける際には、当該個人情報取扱事業者の改正法の遵守状況（例えば、利用目的、開示手続、問合せ・苦情の受付窓口の公表など）についても確認することが望ましい。特に、個人情報取扱事業者からオプトアウトによる第三者提供により個人データの提供を受ける際には、受領者は、当該個人情報取扱事業者の届出事項が委員会により公表されている旨を記録しなければならないことに留意する必要がある。

　提供者である個人情報取扱事業者の法の遵守状況を確認した結果、提供される個人データが適法に入手されたものではないと疑われるにもかかわらず、当該個人データの提供を受けた場合には、改正法第17条第1項の規定違反と判断されるおそれがある。

　本事項については、出所元が不確かな個人情報を取得することは、不適正取得に該当するおそれがあるという観点から当然の内容を確認的に求めているものである。

　そもそも、金融機関の実務において、出所元が不確かな個人データを業務として取得する場面は通常はないものと考えられることから、本事項による影響は、事実上、ないものと思われる。

（イ）　既に確認を行った第三者に対する確認方法（規則第15条関係）

規則第15条

3　前2項の規定にかかわらず、第三者から他の個人データの提供を受けるに際して既に前2項に規定する方法による確認（当該確認について次条に規定する方法による記録の作成及び保存をしている場合におけるものに限る。）を行っている事項の確認を行う方法は、当該事項の内容と当該提供に係る法第26条第1項各号に掲げる事項の内容が同

一であることの確認を行う方法とする。

> **規則附則第4条** 法第26条第1項各号に規定する事項のうち、施行日前に第15条に規定する方法に相当する方法で確認（当該確認について第16条に規定する方法に相当する方法により記録を作成し、かつ、保存している場合におけるものに限る。）を行っているものについては、第15条第3項を適用することができる。この場合において、同項中「前2項に規定する方法」とあるのは「前2項に規定する方法に相当する方法」と読み替えるものとする。

① 概　　要

複数回にわたって同一「本人」の個人データの授受をする場合において、同一の内容である事項を重複して確認する合理性はないため、既に規則第15条に規定する方法により確認を行い、規則に規定する方法により作成し、かつ、その時点において保存している記録に記録された事項と内容が同一であるものについては、当該事項の確認を省略することができる。

改正法の全面施行日前に上記に規定する方法に相当する方法で作成した記録についても同様とする。

例えば、個人情報取扱事業者が、同じ提供者から、既に確認・記録義務を履行した、特定の事業活動であることを認識しながら、個人データの提供を受ける場合は、提供者の名称、当該個人データの取得の経緯について「同一であることの確認」が行われているものである。

② 実務上の対応

他の義務規定と同様に、改正法第26条に基づく確認義務もあくまで「個人情報取扱事業者」自体に適用されるものであり、法人であれば、一法人格としてその義務を履行していれば足りるものである。

したがって、複数の支店を有する金融機関において、本社側で外部の事業者と個人データの提供を受ける内容の役務契約を締結した上で改正法第26条

に基づく「確認」を行えば、その後、各支店において当該契約に基づく形で個人データの提供を受ける際は、規則第15条第3項を根拠として、再度の「確認」行為は不要と整理することができる。

なお、規則第15条第3項の適用においては、「記録」の作成が条件となっているところ（「記録の作成及び保存をしている場合におけるものに限る」）、本章13(6)イ(ウ)「記録事項の省略」も参照。

イ　記録義務

(ア)　記録の作成方法（規則第12条、第16条）

> **規則第12条**
> 1　法第25条第1項の規定による同項の記録を作成する方法は、文書、電磁的記録又はマイクロフィルムを用いて作成する方法とする。
>
> **規則第16条**
> 1　法第26条第3項の規定による同項の記録を作成する方法は、文書、電磁的記録又はマイクロフィルムを用いて作成する方法とする。

まず、記録は、文書、電磁的記録またはマイクロフィルムを用いて作成することとする。

> Q10−26　個人データを提供先にデータ伝送している場合、伝送日時、伝送先などのログを記録とすることはできますか。
> A10−26　ログを記録とすることは認められます。

また、記録は、原則として、個人データを第三者に提供した都度、速やかに、作成しなければならない（作成方法①）。

例外として、オプトアウト手続（改正法第23条第2項）による第三者提供を行う場合を除き、当該第三者に対し個人データを継続的にもしくは反復し

て提供したとき、または当該第三者に対し個人データを継続的にもしくは反復して提供することが確実であると見込まれるときの記録は、一括して作成することができる（作成方法②）。

さらに、本人の同意を得て本人に対する物品または役務の提供に関連して当該本人に係る個人データを第三者に提供した場合において、当該提供に関して作成された契約書その他の書面に記録事項が記載されているときは、当該書面をもって当該事項に関する記録に代えることができる（作成方法③）。

以上の記録の作成方法については、受領者においても同様である。

いずれの作成方法を採用する際も、個人情報取扱事業者は記録義務のために必ず特別な措置を講ずることを求められているものではなく、既存の社内帳票、対顧客用書面、契約書などにより記録事項を満たすものであれば、改正法に基づく記録と認められるものである。

Q10−25　記録を作成するに当たって、台帳のようなものを用意する必要はありますか。

A10−25　既存の契約書などで記録事項を充たしている場合は、それらが記録として認められます。したがって、事業者は、別途、台帳のようなものを用意する必要はありませんが、保存義務を履行するために、明確にする必要があります

I　原則（規則第12条第2項、第16条第2項関係）

規則第12条

2　法第25条第1項の記録は、個人データを第三者（略）に提供した都度、速やかに作成しなければならない。（略）

規則第16条

2　法第26条第3項の記録は、第三者から個人データの提供を受けた都

> 度、速やかに作成しなければならない。（略）

　個人情報取扱事業者は、原則として、個人データの授受の都度、速やかに、記録を作成しなければならない。

　なお、個人データを授受する前に記録を作成することもできる。

　本人別に記録を単体で作成する方法のほか、対象となる複数の本人の記録を一体として作成することもできる。

　オプトアウトによる第三者提供については、次の特例Ⅱ、Ⅲは適用されないため、常に上記の原則に従い記録を作成しなければならない。

Ⅱ　一括して記録を作成する方法（規則第12条第 2 項、第16条第 2 項関係）

規則第12条

2　（略）当該第三者に対し個人データを継続的に若しくは反復して提供（法第23条第 2 項の規定による提供を除く。以下この項において同じ。）したとき、又は当該第三者に対し個人データを継続的に若しくは反復して提供することが確実であると見込まれるときの記録は、一括して作成することができる。

規則第16条

2　（略）当該第三者から継続的に若しくは反復して個人データの提供（法第23条第 2 項の規定による提供を除く。以下この条において同じ。）を受けたとき、又は当該第三者から継続的に若しくは反復して個人データの提供を受けることが確実であると見込まれるときの記録は、一括して作成することができる。

　一定の期間内に特定の事業者との間で継続的にもしくは反復して個人データを授受する場合、または継続的にもしくは反復して個人データを授受することが確実であると見込まれるときは、個々の授受に係る記録を作成する代

図表2-24 一括して記録を作成する場合

例【本人Aの事業者Bにおける購買データ等を、随時、事業者Cに第三者提供】

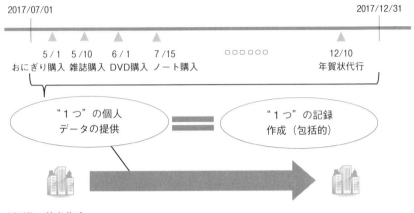

（出所） 筆者作成

わりに、一括して記録を作成することができる。なお、オプトアウトによる第三者提供については対象外である。

　本人別に記録を単体で作成する方法のほか、対象となる複数の本人の記録を一体として作成することもできる。

　また、複数の本人の記録を一体として記録を作成する場合において、継続的にもしくは反復して個人データを授受する、または継続的にもしくは反復して個人データを授受することが見込まれる対象期間内に、データ群を構成する本人が途中で変動するときも、一括して記録を作成することもできる。

【一括して記録を作成する方法に該当する事例】

事例1） 最初の授受の際に一旦記録を作成した上で、継続的に又は反復して個人データを授受する対象期間内に、随時、追加の記録事項を作成する方法

事例2） 継続的に又は反復して個人データを授受提供する対象期間内に、月ごとに記録を作成する方法

事例3）継続的に又は反復して個人データを授受提供する対象期間の終了後、速やかに記録を作成する方法

Q10−27 継続的に又は反復して個人データを授受することを内容とする基本契約書に加えて、当該基本契約書に付帯する資料などをあわせて、施行規則第12条第2項・第16条第2項に基づく記録とすることはできますか。

A10−27 最初に基本契約書に記録を作成し、継続的に又は反復して個人データを授受する対象期間内に、随時、提供される個人データによって識別される本人の氏名に係る記録を、別途、当該基本契約書に付帯する資料などをもって作成する方法も認められるものと考えられます。

「確実であると見込まれるとき」の例としては、継続的にまたは反復して個人データを授受することを内容とする基本契約を締結することで、以後、継続的にまたは反復して個人データを提供することが確実であると見込まれる場合などが該当する。この場合は、当該基本契約に係る契約書をもって記録とすることができる。

「一括して記録を作成する方法」は、例外としての記録作成方法であることにかんがみて、その対象期間、対象範囲等を明確にすることが望ましい。

Ⅲ　契約書等の代替手段による方法（規則第12条第3項、第16条第3項関係）

規則第12条

3　前項の規定にかかわらず、法第23条第1項又は法第24条の規定により、本人に対する物品又は役務の提供に関連して当該本人に係る個人データを第三者に提供した場合において、当該提供に関して作成され

た契約書その他の書面に次条第1項各号に定める事項が記載されているときは、当該書面をもって法第25条第1項の当該事項に関する記録に代えることができる。

規則第16条

3 　前項の規定にかかわらず、本人に対する物品又は役務の提供に関連して第三者から当該本人に係る個人データの提供を受けた場合において、当該提供に関して作成された契約書その他の書面に次条第1項各号に定める事項が記載されているときは、当該書面をもって法第26条第3項の当該事項に関する記録に代えることができる。

　個人情報取扱事業者が、本人に対する物品または役務の提供に係る契約を締結し、かかる契約の履行に伴って、契約の締結の相手方を本人とする個人データを当該個人情報取扱事業者から第三者に提供する場合は、当該提供の際に作成した契約書その他の書面をもって個人データの流通を追跡することが可能であることから、当該契約書その他の書面をもって記録とすることができる。

　なお、オプトアウトによる第三者提供については対象外である。

　本人別に記録を単体で作成する方法のほか、対象となる複数の本人の記録を一体として作成することもできる。

　仮に、規則第12条第3項または第16条第3項の要件を満たさない書面、またはオプトアウトによる第三者提供の際に作成された書面等も、記録事項が記載されていれば記録として認められるが、保存期間の違いに留意する必要がある。

① 「本人に対する物品又は役務の提供」……提供者もしくは受領者または提供者および受領者の双方が「本人に対する物品又は役務の提供」の主体となる場合を含む。

> **【提供者および受領者の双方が主体となる事例】**
>
> 事例）グループ企業が親会社と子会社が共同で役務を提供する際に、親
> 　　会社・子会社間で情報連携を行うことについての承諾する旨の同意書

　また、「本人に対する物品又は役務の提供」には、契約を根拠とする場合
のほか、法令を根拠とする場合を含む。

> **【法令を根拠とした本人に対する物品又は役務の提供に該当する事例】**
>
> 事例）自動車の運行による事故の被害者から、自動車損害賠償保障法
> 　　（昭和30年法律第97号）を根拠として、加害者の自動車保有者と自動
> 　　車損害賠償責任保険契約（いわゆる自賠責保険）を締結している保険
> 　　会社に対して直接請求権（被害者請求権）が発生し、当該請求権の履
> 　　行として当該保険会社が被害者が診療を受ける病院に診療費を支払う
> 　　際に、病院との間で被害者の個人データ（診断書など）を授受する場
> 　　合

② 「当該提供に関して作成された（契約書その他の書面）」……複数の書面
　を合わせて１つの記録とすることは妨げられない。

　　個人データを第三者提供する際に作成された契約書その他の書面のほ
　か、当該個人データの内容を構成する契約書その他の書面も、「当該提供
　に関して作成された」ものに該当する。

　　例えば、「個人データの内容を構成する契約書その他の書面」により
　「本人の氏名その他の当該本人を特定するに足りる事項」および「当該個
　人データの項目」の記録を作成した場合には、それ以外の事項については
　別の「契約書その他の書面」により記録を作成することとなる。

> 【個人データの内容を構成する契約書その他の書面の事例】
>
> 事例）事業者が本人を債務者とする金銭債権を第三者に債権譲渡する際
> 　の金銭債権に係る契約書

③　「契約書その他の書面」……本人と提供者との間で作成した契約書のみ
ならず、提供者と受領者との間で作成した契約書も含まれる。

　「契約書」のほかにも、「その他の書面」には、個人情報取扱事業者の内
部で作成された帳票、記録簿等も含まれる。

　また、「契約書その他の書面」は電磁的記録を含むため（規則第 7 条第 3
項参照）、システム上の記録等も「契約書その他の書面」に該当する。

Q10－28　「契約書その他書面」（施行規則第12条第 3 項・第16条第 3
　項）には、原本のみならず、写しも含まれますか。

A10－28　「契約書その他書面」には、原本のみならず、写しも含まれ
　ます。

Q10－29　同意書をもって記録とする方法を採用する場合、代表者氏名
　以外については同意書により記録し、代表者氏名については有価証券
　報告書の記載箇所を記録として用いる又は補記する等の対応は可能で
　すか。

A10－29　全体として一つの記録として保存されていれば、認められる
　ものと考えられます。

Ⅳ　代行により記録を作成する方法

　提供者・受領者のいずれも記録の作成方法・保存期間は同一であることに
かんがみて、提供者（または受領者）は受領者（または提供者）の記録義務
の全部または一部を代替して行うことができる（提供者と受領者の記録事項

の相違については留意する必要がある）。なお、この場合であっても、提供者および受領者は自己の義務が免責されるわけではないことから、実質的に自らが記録作成義務を果たしているものと同等の体制を構築しなければならない。

　また、委託先の個人情報取扱事業者が委託契約の目的の範囲内で第三者との間で個人データの授受を行った場合において、一義的には委託先の個人情報取扱事業者が記録を作成する義務があるが、委託元の個人情報取扱事業者が記録の作成を代行することができる。

Q10−30　提供者にとって個人データに該当するが受領者にとって個人データでないため、提供者のみに記録義務が生じる場合においても、受領者が提供者の記録義務の全部又は一部を代行して行うことは妨げられないという理解でよいですか。

A10−30　自身は確認・記録義務を負わない受領者が、提供者の記録義務を代行することはできるものと考えられます。

Q10−31　代行により記録を作成する方法を採用する場合に、代行させる者（委託者）及び代行を行う者（受託者）との間では、契約書等において、代行させる旨の規定を置くことは必須ですか。

A10−31　契約書等において、代行させる旨の規定を置くことは必須ではありません。

V　実務上の対応

　金融分野における個人情報取扱事業者においては、既に、第三者提供にあたって同意書を受け入れている実務があるものと考えられる。この同意書によって、後述する記録事項を満たす場合には、この同意書をもって記録とすることができる。

　特に、金融商品取引法が適用される金融機関においては、グループ会社と

の間にはファイアーウォール規制が適用され、グループ会社間の情報共有のために同意書を取得する場面がある（金融商品取引法第44条の3第1項第4号、金融商品取引業等に関する内閣府令第153条第1項第7号イ）。そして、この同意書は5年間の保存義務が課せられる、法定帳簿として位置付けられている（金融商品取引法第46条の2、金融商品取引業等に関する内閣府令第157条第1項第2号ハ・第2項）。一般的に、この同意書に記載されている事項は、次の(イ)「記録事項」を含んでいるものと考えられる。

　ほかにも、個情法で作成等が義務付けられている書面を、記載事項を満たす限り、個情法以外に基づく記録として兼ねることは当然に認められるものと考えられる。

　(イ)　記録事項

Ⅰ　提供者（規則第13条）

（第三者提供に係る記録事項）

第13条　法第25条第1項の個人情報保護委員会規則で定める事項は、次の各号に掲げる場合の区分に応じ、それぞれ当該各号に定める事項とする。

　一　法第23条第2項の規定により個人データを第三者に提供した場合　次のイからニまでに掲げる事項

　　イ　当該個人データを提供した年月日

　　ロ　当該第三者の氏名又は名称その他の当該第三者を特定するに足りる事項（不特定かつ多数の者に対して提供したときは、その旨）

　　ハ　当該個人データによって識別される本人の氏名その他の当該本人を特定するに足りる事項

　　ニ　当該個人データの項目

　二　法第23条第1項又は法第24条の規定により個人データを第三者に提供した場合　次のイ及びロに掲げる事項

　　イ　法第23条第1項又は法第24条の本人の同意を得ている旨

ロ　前号ロからニまでに掲げる事項

2　（略）

まず、オプトアウト手続により個人データを第三者に提供した場合に、提供者が記録すべき事項は、①「当該個人データを提供した年月日」、②「当該第三者の氏名又は名称その他の当該第三者を特定するに足りる事項（不特定かつ多数の者に対して提供したときは、その旨）」、③「当該個人データによって識別される本人の氏名その他の当該本人を特定するに足りる事項」、④「当該個人データの項目」である。

また、個人データを本人の同意を得て第三者に提供した場合の記録事項は、上記の②～④に掲げる事項のほか、「本人の同意を得ている旨」である（図表2－25参照）。

「本人の同意を得ている旨」の記録事項の典型例としては、契約書その他の書面に本人同意が記載されている場合が該当する。

そのほか、個人情報取扱事業者の事業の内容、第三者提供の態様等にかんがみて、同意の存在を明示的にまたは黙示的に示す証跡等がある場合には、当該証跡等をもって「同意を得ている旨」の記録とすることもできる。

例えば、個人情報取扱事業者のシステムの設定により、本人の同意を得た場合のみ第三者提供が実施されることとなっている場合には、それをもって同意の存在を示す証跡があるものとすることができる。

図表2－25　提供者の記録事項

	提供年月日	第三者の氏名等	本人の氏名等	個人データの項目	本人の同意
オプトアウトによる第三者提供	○	○	○	○	
本人の同意による第三者提供		○	○	○	○

（出所）　確認記録GL

Q10-33　「同意の存在を明示的に又は黙示的に示す証跡等」には、①本人による同意する旨のホームページ上のボタンのクリックに係るシステムログ、②ホームページの構造上、個人情報を取得する直前に必ず本人による同意をする旨のホームページ上のボタンのクリックが必須となっていること（ボタンクリックによる同意を経なければ取得できない）は、該当しますか。

A10-33　いずれも「同意の存在を明示的に又は黙示的に示す証跡等」に該当します。

Q10-24　取得の経緯を確認する際に、本人が署名した同意書面を確認することをもって取得の経緯を確認し、その旨を記録する場合に、同時に本人の同意が有る旨の記録として取り扱ってもよいですか。

A10-24　取得の経緯を確認・記録をする場合において、当該記録が「本人の同意を得ている旨」を含むものであるときは、施行規則第13条第1項第2号イの記録とすることもできます。

Ⅱ　受領者（規則第17条）

（第三者提供を受ける際の記録事項）

第17条　法第26条第3項の個人情報保護委員会規則で定める事項は、次の各号に掲げる場合の区分に応じ、それぞれ当該各号に定める事項とする。

一　個人情報取扱事業者から法第23条第2項の規定による個人データの提供を受けた場合　次のイからホまでに掲げる事項

イ　個人データの提供を受けた年月日

ロ　法第26条第1項各号に掲げる事項

ハ　当該個人データによって識別される本人の氏名その他の当該本

人を特定するに足りる事項

　　ニ　当該個人データの項目

　　ホ　法第23条第4項の規定により公表されている旨

　二　個人情報取扱事業者から法第23条第1項又は法第24条の規定に

　　よる個人データの提供を受けた場合　次のイ及びロに掲げる事項

　　イ　法第23条第1項又は法第24条の本人の同意を得ている旨

　　ロ　前号ロからニまでに掲げる事項

　三　第三者（個人情報取扱事業者に該当する者を除く。）から個人

　　データの提供を受けた場合　第1号ロからニまでに掲げる事項

　　第三者からオプトアウト手続による個人データの提供を受ける際の記録事項は、①「個人データの提供を受けた年月日」、②「当該第三者の氏名又は名称及び住所並びに法人にあっては、その代表者（法人でない団体で代表者又は管理人の定めのあるものにあっては、その代表者又は管理人）の氏名」、③「当該第三者による当該個人データの取得の経緯」、④「当該個人データによって識別される本人の氏名その他の当該本人を特定するに足りる事項」、⑤「当該個人データの項目」、⑥「個人情報保護委員会による公表がされている旨」である。

　　次に、本人の同意を得た個人データの提供を個人情報取扱事業者が受けた場合については、上記②から⑤までのほか、「本人の同意を得ている旨」が記録事項となる（図表2－26参照）。

　　さらに、個人情報取扱事業者以外の第三者から提供を受けた場合については、上記のうち、②から⑤までが記録事項となる。

図表 2 −26　受領者の記録事項

	提供を受けた年月日	第三者の氏名等	取得の経緯	本人の氏名等	個人データの項目	個人情報保護委員会による公表	本人の同意
オプトアウトによる第三者提供	○	○	○	○	○	○	
本人の同意による第三者提供		○	○	○	○		○
私人などからの第三者提供		○	○	○	○		

（出所）　確認記録GL

(ｳ)　記録事項の省略

規則第13条

2　前項各号に定める事項のうち、既に前条に規定する方法により作成した法第25条第1項の記録（当該記録を保存している場合におけるものに限る。）に記録されている事項と内容が同一であるものについては、法第25条第1項の当該事項の記録を省略することができる。

規則第17条

2　前項各号に定める事項のうち、既に前条に規定する方法により作成した法第26条第3項の記録（当該記録を保存している場合におけるものに限る。）に記録された事項と内容が同一であるものについては、法第26条第3項の当該事項の記録を省略することができる。

規則附則第3条　第13条第1項に規定する事項のうち、施行日前に第12条に規定する方法に相当する方法で記録（当該記録を保存している場

合におけるものに限る。）を作成しているものについては、第13条第
2項の規定を適用することができる。この場合において、同項中「前
条に規定する方法」とあるのは「前条に規定する方法に相当する方
法」と読み替えるものとする。

規則附則第5条 第17条第1項に規定する事項のうち、施行日前に第16
条に規定する方法に相当する方法で記録（当該記録を保存している場
合におけるものに限る。）を作成しているものについては、第17条第
2項を適用することができる。この場合において、同項中「前条に規
定する方法」とあるのは「前条に規定する方法に相当する方法」と読
み替えるものとする。

① 概　　要

　複数回にわたって同一「本人」の個人データの授受をする場合において、
同一の内容である事項を重複して記録する必要はないことから、その旨を明
確にするものである。すなわち、既に規則に規定する方法により作成した記
録（現に保存している場合に限る）に記録された事項と内容が同一であるも
のについては、当該事項の記録を省略することができる（規則第13条第2
項、第17条第2項）。

　改正法の全面施行日前に上記に規定する方法に相当する方法で作成した記
録についても同様である（規則附則第3条、第5条）。

　記録事項の内容は同一でなければならないため、例えば、同一法人であっ
ても、代表者が交代し、その後に記録を作成する場面では、改めて、新代表
者の氏名について記録をしなければならない。

　なお、記録事項のうち、一部の事項の記録の作成を規則第13条第2項また
は規則第17条第2項に基づき省略し、残りの事項の記録のみを作成した場
合、記録全体としての保存期間の起算点は、残りの事項を作成した時点とし
ている。

② 実務上の対応

他の義務規定と同様に、改正法第25条、第26条に基づく記録義務もあくまで「個人情報取扱事業者」自体に適用されるものであり、法人であれば、一法人格としてその義務を履行していれば足りるものである。

したがって、複数の支店を有する金融機関において、本社側で外部の事業者と個人データの提供を受ける内容の役務契約を締結した上で改正法第26条に基づく「記録」を作成すれば、各支店において、一定の事業者との間で、定型的な形で個人データの提供を受ける場合においては規則第17条第2項を根拠として、再度の記録作成は不要と整理することができる。

なお、本章13(6)ア(イ)「既に確認を行った第三者に対する確認方法（規則第15条関係）」も参照。

⒑ 保存期間（規則第14条、第18条）

当該記録を作成した日から規則で定める期間保存しなければならないところ、保存期間は、記録の作成方法によって異なる。すなわち、本章13(6)イ(ア)「記録の作成方法（規則第12条、第16条）」におけるの作成方法①については3年、また、同作成方法②については、最後に当該記録に係る個人データの提供を受けた日から起算して3年を経過する日までの間、同作成方法③については、最後に当該記録に係る個人データの提供を受けた日から起算して1

図表2－27　保存期間

記録の作成方法の別	保存期間
「契約書等の代替手段による方法」により記録を作成した場合	最後に当該記録に係る個人データの提供を行った日から起算して1年を経過する日までの間
「一括して記録を作成する方法」により記録を作成した場合	最後に当該記録に係る個人データの提供を行った日から起算して3年を経過する日までの間
上記以外の場合	3年

（出所）　確認記録GL

年を経過する日までの間が保存期間となる（図表2−27参照）。

Q10−34　対象となる複数の本人の記録を一体として作成する際に、保存期間は個々の個人ごとに計算するものですか。

A10−34　対象となる複数の本人の記録を一体として作成した場合も、保存期間は個々の個人ごとに計算することとなります。例えば、施行規則第12条第2項・第16条第2項に基づく記録を作成した場合は、個々の個人ごとに最後に当該記録に係る個人データの提供を行なった日から起算して3年を経過する日までの間が保存期間となります（施行規則第14条第2号・第18条第2号）。

Q10−35　複数の対象者の個人データについて、毎週、同様の提供が行われることから、一つのファイルに翌月1日に前月の分を一括して記録を作成する方法により記録を作成している場合において、2018年1月に本人Xについて提供が行われ2018年2月1日に記録がなされ、2019年1月に本人Yについて提供が行われ、2019年2月1日に記録がなされた場合、X及びYについての保存期間はどのように考えられますか。

A10−35　「記録を作成した日」が起算点となります。よって、Xについての記録の部分は、2021年2月1日まで、Yについての記録の部分は2022年2月1日までが保存期間となります。

14 匿名加工情報

(1) 匿名加工情報（改正法第36条〜第39条）の新設

パーソナルデータを含むビッグデータの利活用を促進するための法整備として、改正法により「匿名加工情報」制度が新設されている。

個人情報取扱事業者および匿名加工情報取扱事業者が匿名加工情報を取り扱う場合において、匿名加工情報の適正な取扱いの確保に関して行う活動を支援すること、および当該支援により事業者が講ずる措置が適切かつ有効に実施されることを目的として、改正法が定める事業者の義務のうち、匿名加工情報の取扱いに関する部分に特化してわかりやすく一体的に示す観点から、通則GLとは別に、匿名加工GLを定めている。

全体の内容としては、まず、「匿名加工情報」および「匿名加工情報取扱事業者」の定義について解説している。また、改正法の規定に従い、「匿名加工情報の取扱いに係る義務の考え方」「匿名加工情報の適正な加工」「匿名加工情報等の安全管理措置」「匿名加工情報の作成時の公表」「匿名加工情報の第三者提供」「識別行為の禁止」について、基本的な解釈を記載している。

(2) 匿名加工情報の定義（匿名加工GL 2−1）

「匿名加工情報」とは、個人情報を個人情報の区分に応じて定められた措置を講じて特定の個人を識別することができないように加工して得られる個人に関する情報であって、当該個人情報を復元することができないようにしたものをいう（改正法第2条第9項）。

この「特定の個人を識別することができない」および「復元することができないようにしたもの」の要件については、少なくとも、一般人および一般的な事業者の能力、手法等を基準として、個人情報取扱事業者または匿名加工情報取扱事業者が通常の方法により特定ないし復元できないような状態に

することを求めるものであり、あらゆる手法によって特定することができないよう技術的側面からすべての可能性を排除することまでを求めるものではない。

なお、「統計情報」は、複数人の情報から共通要素に係る項目を抽出して同じ分類ごとに集計して得られるデータであり、集団の傾向または性質などを数量的に把握するものである。したがって、統計情報は、特定の個人との対応関係が排斥されている限りにおいては、個情法における「個人に関する情報」に該当するものではないため、改正前の個情法においても規制の対象外と整理されており、改正法の全面施行日後も、従来同様に規制の対象外となる（図表2−28も参照）。

(3) 加工基準（規則第19条）

ア 概　要

匿名加工情報を「作成するとき」は規則で定める基準に従い加工をしなければならないところ（改正法第36条第1項）、当該基準については、①「個人情報に含まれる特定の個人を識別することができる記述等の全部又は一部を削除すること（当該全部又は一部の記述等を復元することのできる規則性を有しない方法により他の記述等に置き換えることを含む）」、②「個人情報に含まれる個人識別符号の全部を削除すること（当該個人識別符号を復元することのできる規則性を有しない方法により他の記述等に置き換えることを含む。）」、③「個人情報と当該個人情報に措置を講じて得られる情報とを連結する符号（現に個人情報取扱事業者において取り扱う情報を相互に連結する符号に限る。）を削除すること（当該符号を復元することのできる規則性を有しない方法により当該個人情報と当該個人情報に措置を講じて得られる情報を連結することができない符号に置き換えることを含む。）」、④「特異な記述等を削除すること（当該特異な記述等を復元することのできる規則性を有しない方法により他の記述等に置き換えることを含む）」、⑤「上記①〜④の措置のほか、個人情報に含まれる記述等と当該個人情報を含む個人情報

データベース等を構成する他の個人情報に含まれる記述等との差異その他の当該個人情報データベース等の性質を勘案し、その結果を踏まえて適切な措置を講ずること」と規定している（規則第19条各号）。

イ　氏名等を削除した情報≠匿名加工情報

実務で想定される悩みとして、本改正により新設された「匿名加工情報」と、統計情報や、安全管理のために氏名等を削除した情報が、改正法の全面施行日後は、「匿名加工情報」として取り扱わなければいけないのではないのか、という点であろう。

しかし、今回の匿名加工情報制度を新設した趣旨は、利活用の促進にあり、事業者の義務を重くする点にあるものではないことを理解すれば、上記の悩みは誤解であるとわかるであろう。

この点を匿名加工GLでも明確にしている。すなわち、「作成するとき」は、匿名加工情報として取り扱うために、当該匿名加工情報を作成するときのことを指す。したがって、例えば、安全管理措置の一環として氏名等の一部の個人情報を削除（または他の記述等に置き換え）した上で引き続き個人情報として取り扱う場合、あるいは統計情報を作成するために個人情報を加工する場合等については、匿名加工情報を「作成するとき」には該当しないため、規則第19条各号に定める措置に限定されるわけではない（図表2−28も参照）。

⑷　安全管理措置（改正法第36条第2項、規則第20条、匿名加工 GL3−3）

ア　概　　要

改正法第36条第2項により、個人情報取扱事業者は、匿名加工情報を作成したときは、「加工方法等情報」の漏えいを防止するために、必要な「措置」を講じなければならないとされている。

イ　「加工方法等情報」

「加工方法等情報」の定義は、匿名加工情報の作成に用いた個人情報から

削除した記述等および個人識別符号ならびに加工の方法に関する情報をいう。ただし、「その情報を用いて当該個人情報を復元することができるもの」に限る。

例えば、「その情報を用いて当該個人情報を復元することができるもの」には、氏名等を仮IDに置き換えた場合における置き換えアルゴリズムに用いられる乱数等のパラメーターまたは氏名と仮IDの対応表等のような加工の方法に関する情報が該当し、「年齢のデータを10歳刻みのデータに置き換えた」というような復元につながらない抽象的な情報は該当しない。

したがって、このような抽象的な情報については、改正法第36条第2項の安全管理措置の対象とならない。

ウ 「措置」の具体的内容

具体的な「措置」の内容について規則第20条に委任をしているところ、①「加工方法等情報（匿名加工情報の作成に用いた個人情報から削除した記述等及び個人識別符号並びに…加工の方法に関する情報（その情報を用いて当該個人情報を復元することができるものに限る。）をいう。…）を取り扱う者の権限及び責任を明確に定めること」、②「加工方法等情報の取扱いに関する規程類を整備し、当該規程類に従って加工方法等情報を適切に取り扱うとともに、その取扱いの状況について評価を行い、その結果に基づき改善を図るために必要な措置を講ずること」、③「加工方法等情報を取り扱う正当な権限を有しない者による加工方法等情報の取扱いを防止するために必要かつ適切な措置を講ずること」が求められている。

匿名加工GLでは、匿名加工情報の作成に用いた加工方法等や、匿名加工情報自体の安全管理措置義務の内容について具体的に説明している。

この安全管理措置義務の趣旨は、復元リスクを抑える点にあるが、その項目としては、組織体制の整備や適切なアクセス制御等を求めているものであり、個人データの安全管理措置義務（改正法第20条）と類似する内容となっている。

なお、匿名加工情報には識別行為の禁止義務が課されていることから、匿

名加工情報を取り扱うにあたっては、それを取り扱う者が不適正な取扱いをすることがないよう、匿名加工情報に該当することを明確に認識できるようにしておくことが重要である。そのため、作成した匿名加工情報について、匿名加工情報を取り扱う者にとってその情報が匿名加工情報である旨が一見して明らかな状態にしておくことが望ましい。

(5) 公表義務（改正法第36条第3項、規則第21条、匿名加工 GL 3 - 4）

ア 概　要

改正法第36条第3項により、「匿名加工情報を作成したとき」には公表をすることとされているところ、当該公表は、匿名加工情報を作成した後、遅滞なく、インターネットの利用その他の適切な方法により行うものとする（規則第21条第1項）。

イ 「公表」義務が適用される場面

匿名加工GLでは、この公表義務が課される場面を明確にしている。

すなわち、「匿名加工情報を作成したとき」とは、匿名加工情報として取り扱うために、個人情報を加工する作業が完了した場合のことを意味するものであるから、あくまで個人情報の安全管理措置の一環として一部の情報を削除しあるいは分割して保存・管理する等の加工をする場合または個人情報から統計情報を作成するために個人情報を加工する場合等を含むものではない（図表2-28も参照）。

また、匿名加工情報を作成するために個人情報の加工をする作業を行っている途上であるものの作成作業が完了していない場合には、加工が不十分であること等から匿名加工情報として取り扱うことが適切ではない可能性もあるため「匿名加工情報を作成したとき」とは位置付けられず、この場合にも、公表義務は適用されないものである。

他方、公表義務が適用される場合においても、個人に関する情報の項目が同じである匿名加工情報を同じ手法により反復・継続的に作成する場合に

図表 2 −28　氏名等を削除した情報≠匿名加工情報

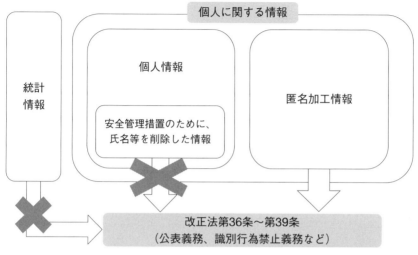

（出所）　筆者作成

は、最初の匿名加工情報を作成して個人に関する項目を公表する際に、作成期間または継続的な作成を予定している旨を明記するなど継続的に作成されることとなる旨を明らかにしておくことにより、その後に作成される匿名加工情報に係る公表については先の公表により行われたものと解される。

ウ　匿名加工情報の作成を外部業者に委託する場合（規則第21条第 2 項の趣旨）

　改正法第36条第 3 項は、「匿名加工情報」を作成する個人情報取扱事業者が、「公表」義務を負うこととしている。同項の文言のみを前提とすると、例えば、匿名加工情報の作成を外部事業者に委託する場合は、作成の委託を受けた事業者が公表義務を負うようにも考えられる。実際に、匿名加工情報の作成技術は一定程度の専門的知識・技術を必要とするものであるから、このような場面は多いだろう。

　しかし、匿名加工情報の作成の元となる個人情報の本人の立場からすると、上記の場面での外部事業者とは接点を有しないことが通常であると考え

られるところ、このような外部事業者が「公表」をしたところで、本人の権利利益の保護に直結しないことは明らかであろう。

そこで、規則第21条第2項により、委託を受けて匿名加工情報を作成したときの公表は、委託元の個人情報取扱事業者が行うこととし、この場合においては、当該公表をもって受託者が公表したものとみなすこととしている。

(6) 識別行為の禁止（匿名加工GL 3 - 6）

匿名加工情報については、当該匿名加工情報の作成の元となった個人情報の本人を識別する目的のために他の情報と照合することが禁止されている。例えば、「保有する個人情報と匿名加工情報について、共通する記述等を選別してこれらを照合すること」「自ら作成した匿名加工情報を、当該匿名加工情報の作成の元となった個人情報と照合すること」などは、改正法で禁止している識別行為に該当する。

他方、「複数の匿名加工情報を組み合わせて統計情報を作成すること」「匿名加工情報を個人と関係のない情報（例：気象情報、交通情報、金融商品等の取引高）とともに傾向を統計的に分析すること」などは、改正法で禁止されている識別行為には該当しない。

また、そもそも、個人情報として利用目的の範囲内で取り扱う場合に照合を禁止するものではない旨を明記している。

第 3 章

金融分野GL等

1 総　　論

⑴　金融分野GL等の背景について

　個情法の改正前は、各事業分野を所管する主務大臣が、当該事業分野の事業者に対して勧告・命令等の同法に基づく監督権限を行使することとなっており、また、当該事業分野の各事業者が遵守すべきガイドラインを策定していた。

　この主務大臣制に対しては、例えば、いずれの省庁の所管にも属さないまたは明確ではない事業分野において個情法上の問題が生じ監督権限を行使すべき場面が発生した場合に、内閣総理大臣が主務大臣を指定する必要があり、迅速な対応を取ることが難しいなどの問題点が指摘されていたところである。

　改正法の全面施行日後は、この主務大臣制は廃止され、個情法上に基づく全事業分野の監督権限（改正法により立入検査権が追加）は委員会に一元化されることとなり、また、これに伴い、委員会により、すべての分野に共通に適用される汎用的な委員会GLが策定されている。

　他方、改正法では、金融分野のように、各省庁が保有する専門的知見を有効に活用することが実効的な監督に資する事業分野も想定されるため、監督権限を一元化した委員会から各省庁（改正法では事業所管大臣と規定される）に対して報告徴収・立入検査の権限を委任することも認められている（改正法第44条、政令第12条から第18条まで）。委員会は、委任先の各省庁から報告徴収・立入検査の結果の報告を受けた上で、勧告・命令等の行使について検討することになる。この事業所管大臣への権限の委任等は「緊急かつ重点的に個人情報等の適正な取扱いの確保を図る必要があることその他の政令で定める事情」がある場合に認められるところ、政令においては①「緊急かつ重点的に個人情報等の適正な取扱いを確保する必要があること」、②

「上記①のほか、効果的かつ効率的に個人情報等の適正な取扱いを確保するために事業所管大臣が有する専門的知見を特に活用する必要があること」が規定されている。なお、平成29年５月、金融庁所管業者について、金融庁に権限委任される旨が公表されている。

これにより、各省庁のガイドラインのうち個情法に関するものは、原則として委員会が定めるガイドラインに一元化されるが、一部の分野については、個人情報の性質および利用方法ならびに現行の規律の特殊性等を踏まえて、上記のガイドラインを基礎として、当該分野においてさらに必要となる別途の規律を定める方向となっていた。

そして、別途の規律が必要と考えられる分野の例の１つとして「金融関連（信用等を含む。）」が挙げられていたところである。

今回の金融分野GL等の策定は、この方向に沿った対応ということになる。

(2) 金融「関連」分野

今回、金融分野GL等を策定しているところであるが、同時に、信用分野の「信用分野における個人情報保護に関するガイドライン」および債権管理回収業分野の「債権管理回収業分野における個人情報保護に関するガイドライン」についても策定手続をとっている。

これらは、隣接している分野であり、事業者によっては２つの分野を跨ることもある。例えば、いわゆる与信行為を業務としている事業者が貸金業法（昭和58年法律第32号）および割賦販売法（昭和36年法律第159号）上の登録をしている例である。また、債権管理回収業は金融機関等の貸付債権の回収等を業務としていることからすると、個人情報保護に係る規律は同レベルにする必要があると考えられる。

そこで、これらのガイドラインについては、今回、各分野ガイドラインの規定の表現見直しを図った上で、委員会と、金融庁、経済産業省または法務省各々との連名による告示として新たに定めている。

⑶　金融分野GL等の策定根拠、目的等

金融分野GL等は、改正法、政令、規則および個人情報の保護に関する基本方針（平成16年4月2日閣議決定）を踏まえ、通則GLを基礎として、改正法第6条および第8条に基づき、金融庁が所管する分野における個人情報について保護のための「格別の措置」が講じられるよう必要な措置を講じ、および当該分野における事業者が個人情報の適正な取扱いの確保に関して行う活動を支援する具体的な指針として定めるものである。

（法制上の措置等）

法第6条　政府は、個人情報の性質及び利用方法に鑑み、個人の権利利益の一層の保護を図るため特にその適正な取扱いの厳格な実施を確保する必要がある個人情報について、保護のための格別の措置が講じられるよう必要な法制上の措置その他の措置を講ずるとともに、国際機関その他の国際的な枠組みへの協力を通じて、各国政府と共同して国際的に整合のとれた個人情報に係る制度を構築するために必要な措置を講ずるものとする。

（地方公共団体等への支援）

法第8条　国は、地方公共団体が策定し、又は実施する個人情報の保護に関する施策及び国民又は事業者等が個人情報の適正な取扱いの確保に関して行う活動を支援するため、情報の提供、事業者等が講ずべき措置の適切かつ有効な実施を図るための指針の策定その他の必要な措置を講ずるものとする。

なお、委員会GLのうち、外国GL、確認記録GLおよび匿名加工GLについては、金融分野において特則を設ける必要はないと考えられることから、金融分野GL等にはこれらの特則は設けられていない。

したがって、金融分野における個人情報取扱事業者に対しては、金融分野GL等に加えて、通則GLのうち金融分野GL等において特に定めのない部分、外国GL、確認記録GLおよび匿名加工GLが適用される。

「格別の措置」の内容については、消費者の権利利益の保護、事業者の実務運用の継続性、行政の継続性の観点から、原則として現行の規制水準を維持するとともに、法改正に伴い新たに必要となる規定を盛り込むこととしている。

また、必ずしも上乗せの措置が適用されない項目においても、金融分野特有の具体例等が金融分野GLに記載されている。

例えば、金融分野GLの各条の冒頭に、「以下の事項の他は通則ガイドラインの例による」と記載している項目（金融分野GL第2条等）は、通則GLを基礎とした上で、上乗せの措置または金融分野特有の措置が記載されていることになる。なお、記載していない項目（金融分野GL第8条等）については、金融分野GL等のみを確認することとなる。

(4) 金融分野GL等の各規定の記載

金融分野GL等の中で、「〜なければならない」と記載されている規定について、それに従わない場合は、改正法の規定違反と判断され得る。

また、金融分野GL等の中で、「こととする」「適切である」および「望ましい」と記載されている規定については、金融分野における個人情報取扱事業者がその規定に従わない場合には、改正法の規定違反と判断されることはないが、当該規定は、金融分野の個人情報の性質および利用方法にかんがみ、個人情報の取扱いに関して、金融分野における個人情報取扱事業者に特に厳格な措置が求められる事項として規定されており、金融分野における個人情報取扱事業者においては、遵守に努めるものとするとされている。

2 各　論

　「金融分野」「信用分野」および「債権管理回収業分野」のガイドラインの
うち、主に、金融分野GL等の規定を中心に解説をする。

(1)　機微（センシティブ）情報

ア　機微（センシティブ）情報の拡大

　改正前の個情法のもとで金融庁が策定していた旧金融分野GLは、「政治的
見解、信教（宗教、思想及び信条をいう。）、労働組合への加盟、人種及び民
族、門地及び本籍地、保健医療及び性生活、並びに犯罪歴に関する情報」を
「機微（センシティブ）情報」（以下「旧機微情報」という）として、その取
扱いにつき、上乗せの措置を課していたところである。

　この点、改正法下での金融分野GL等においては、基本的にその規律を引
き継ぎつつ、法改正により新設された要配慮個人情報を合わせ、新たな機微
（センシティブ）情報を次のように定義している。なお、要配慮個人情報の
範囲については、前述（第2章4(1)「範囲」）のとおりである。

金融分野GL第5条　機微（センシティブ）情報（第1項柱書抜粋）

　「機微（センシティブ）情報」＝「法第2条第3項に定める要配慮個
人情報並びに労働組合への加盟、門地、本籍地、保健医療及び性生活
（これらのうち要配慮個人情報に該当するものを除く。）に関する情報
（本人、国の機関、地方公共団体、法第76条第1項各号若しくは施行規
則第6条各号に掲げる者により公開されているもの、又は、本人を目視
し、若しくは撮影することにより取得するその外形上明らかなものを除
く。）」

⑺　要配慮個人情報との関係

　要配慮個人情報と、機微（センシティブ）情報との対応関係については、情報によって異なるため、図表3－1を参照しながら、次の①から④までを確認していただきたい。

①　旧機微情報＝要配慮個人情報……旧金融分野GLのうち、「人種」「民族」「犯罪歴」「信教（宗教、思想および信条）」および「政治的見解」については、改正法の要配慮個人情報の「人種」「犯罪の経歴」および「信条」と範囲を同じにするものである。

　　したがって、機微（センシティブ）情報の定義上は、追記された「法第2条第3項に定める要配慮個人情報」に含まれることとなるため、「人種」「民族」「犯罪歴」「信教（宗教、思想および信条）」および「政治的見解」については列記していない。

②　旧機微情報＞要配慮個人情報……旧金融分野GLのうち、「保健医療」は、改正法の要配慮個人情報である「病歴」「身体障害等」「健康診断等の結果」および「医師等による保健指導等」を含み、さらに広い範囲を対象とするものである。具体的には、例えば、医師等の診断等によらず、自己判断により市販薬を服用しているといったケース等を含んでいることにより、要配慮個人情報より対象が広いものと考えられる（金融分野GL等の意見募集手続における回答No52等参照）。

　　したがって、機微（センシティブ）情報の定義上は、「保健医療」の語を残した上で、重複する範囲を除く趣旨から、「（これらのうち要配慮個人情報に該当するものを除く。）」と規定しているところである。

③　要配慮個人情報のみ……改正法の要配慮個人情報のうち、「社会的身分」「犯罪により害を被った事実」「刑事事件に関する手続」および「少年の保護事件に関する手続」については、旧金融分野GLには規定されていない項目である。

　　したがって、機微（センシティブ）情報の定義上は、追記された「法第2条第3項に定める要配慮個人情報」に含まれることとなる。

図表３－１　金融分野GLにおける機微（センシティブ）情報

	旧機微情報 （旧金融分野GL 第6条第1項）	要配慮個人情報 （改正法第2条 第3項、施行令 第2条）		機微情報 （金融分野GL 第5条第1項）
①旧機微情報＝要配慮個人情報	・人種 ・民族 ・犯罪歴 ・信教（宗教、思想および信条） ・政治的見解	・人種 ・犯罪の経歴 ・信条		・人種 ・犯罪の経歴 ・信条
②旧機微情報＞要配慮個人情報	・保健医療 ※例えば、医師等の診断等によらず、自己判断により市販薬を服用しているといったケースを含み、要配慮個人情報より対象が広い。	・病歴 ・身体障害、知的障害、精神障害等 ・健康診断等の結果 ・医師等による保健指導・診療・調剤	➡	（保健医療） ・病歴 ・身体障害、知的障害、精神障害等 ・健康診断等の結果 ・医師等による保健指導・診療・調剤 ・その他
③要配慮個人情報のみ		・社会的身分 ・犯罪により害を被った事実 ・刑事事件に関する手続 ・少年の保護事件に関する手続		・社会的身分 ・犯罪により害を被った事実 ・刑事事件に関する手続 ・少年の保護事件に関する手続
④旧機微情報のみ	・労働組合への加盟 ・門地 ・本籍地 ・性生活			・労働組合への加盟 ・門地 ・本籍地 ・性生活

（出所）　筆者作成

④　旧機微情報のみ……旧金融分野GLのうち、「労働組合への加盟」「門地」「本籍地」および「性生活」については、改正法の要配慮個人情報には含まれていない。

　　したがって、機微（センシティブ）情報の定義上は、「労働組合への加盟」「門地」「本籍地」および「性生活」を個別に列記している。

〔イ〕　機微（センシティブ）情報から除外される情報

　金融分野GL第5条は、機微（センシティブ）情報の範囲から、「本人、国の機関、地方公共団体、法第76条第1項各号若しくは施行規則第6条各号に掲げる者により公開されているもの（以下「除外情報Ⅰ」という。）、又は、本人を目視し、若しくは撮影することにより取得するその外形上明らかなもの（以下「除外情報Ⅱ」という。）」を除くものとされている。

①　「除外情報Ⅰ」について……改正法においては、要配慮個人情報が、本人、国の機関、地方公共団体、第76条第1項各号に掲げる者その他規則で定める者により公開されている場合（改正法第17条第2項第5号）は、例外的に、当該要配慮個人情報を、本人同意を得ずに取得できるものと規定されている。

　　ここの「第76条第1項各号に掲げる者」による公開とは、例えば、報道機関が特定の個人の信仰や前科に触れる報道をする場合がこれに当たるものである。また、改正法第17条第2項第5号では、公開主体をさらに規則に委任しており、規則第6条にて規定している。

　　この点、そもそも、旧金融分野GL上の旧機微情報の解釈として、公知情報は除かれるものと解されていたところである（平成16年12月28日「「金融分野における個人情報保護に関するガイドライン」（案）に対する意見募集の結果について」No143、144）。

　　そこで、改正法の要配慮個人情報の規制および旧金融分野GLの解釈にかんがみて、機微（センシティブ）情報から、いわゆる公開情報を除くものとしている（金融分野GL等の意見募集手続における回答No44等参照）。

②　「除外情報Ⅱ」について……改正法第17条第2項第6号においては、同

項第1号から第5号以外に、例外的に、要配慮個人情報を本人同意を得ずして取得できる場合を政令で定めることとしているところ、まず、施設内の防犯カメラなどを想定して「本人を目視し、又は撮影することにより、その外形上明らかな要配慮個人情報を取得する場合」を規定している（政令第7条第1号）。

また、旧金融分野GL上の旧機微情報の解釈として、外形から一見して明白な身体等に関する情報は除かれるものと解されていたところである（平成16年12月28日「「金融分野における個人情報保護に関するガイドライン」（案）に対する意見募集の結果について」No144、145）。

そこで、改正法の要配慮個人情報の規制および旧金融分野GLの解釈にかんがみて、機微（センシティブ）情報から、外形上明らかな情報を除くものとしている（金融分野GL等の意見募集手続における回答No44等参照）。

イ 例 外

金融分野GL第5条第1項柱書は、機微（センシティブ）情報を原則として「取得」「利用」または「第三者提供」できないこととしているところ、例外的に次に掲げる場合については「取得」等できることとしている。

金融分野GL第5条 機微（センシティブ）情報（第1項各号）

① 法令等に基づく場合

② 人の生命、身体又は財産の保護のために必要がある場合

③ 公衆衛生の向上又は児童の健全な育成の推進のため特に必要がある場合

④ 国の機関若しくは地方公共団体又はその委託を受けた者が法令の定める事務を遂行することに対して協力する必要がある場合

⑤ 源泉徴収事務等の遂行上必要な範囲において、政治・宗教等の団体若しくは労働組合への所属若しくは加盟に関する従業員等の機微（センシティブ）情報を取得、利用又は第三者提供する場合

---

⑥　相続手続による権利義務の移転等の遂行に必要な限りにおいて、機微（センシティブ）情報を取得、利用又は第三者提供する場合

⑦　保険業その他金融分野の事業の適切な業務運営を確保する必要性から、本人の同意に基づき業務遂行上必要な範囲で機微（センシティブ）情報を取得、利用又は第三者提供する場合

⑧　機微（センシティブ）情報に該当する生体認証情報を本人の同意に基づき、本人確認に用いる場合

㈠　例外①〜④

上記の例外①〜④については、改正法第16条第3項各号、第17条第2項各号、第23条第1項各号と同趣旨の規定であり、基本的には、同様の解釈が当てはまる。

例えば、金融分野GL等の意見募集手続における回答No37においても、通則GL3−1−5において、「人の生命、身体又は財産の保護のために必要がある場合であって、本人の同意を得ることが困難であるとき」の例として、「不正送金等の金融犯罪被害事実に関する情報を、関連する被害防止のために、他の事業者に提供するため」が記載されているところ、同事例が、金融分野GL第5条第1項第2号にも該当すると解される旨を回答しているところである。

㈡　例外⑤

「源泉徴収事務等の遂行上必要な範囲」には、源泉徴収事務以外にも、団体信託等、団体に関する事務として請け負った事務の遂行上、機微（センシティブ）情報を取得等する場合も該当するものと考えられる（金融分野GL等の意見募集手続における回答No71）。

この例外⑤は本人同意を要件としていないのに対して、改正法第17条第2項は本人同意を要求している。

この両者の整合性については、通則GLの意見募集手続における回答（平成28年11月30日）No227において、「勤務先が特定の宗教団体や政治団体で

ある場合に、勤務先情報としての宗教団体名等の記載」および「宗教団体を設立母体とする学校や病院に勤務している情報」については推知情報と回答している点が参考になる。

(ウ) 例外⑥

例外⑤と同じく、本人同意は要件とされていない。この点、典型的には「本籍地」の情報が当たり得るものであるが、前述のとおり、本籍地自体は要配慮個人情報に含まれていないため、基本的には、改正法第17条第2項との関係が抵触することはないものと考えられる。

なお、仮に、相続手続等の中で、本籍地以外に、要配慮個人情報を含む情報を取得した場合においては、次のように考えられる。すなわち、この点、改正法17条2項2号では「人の生命、身体又は財産の保護のために必要がある場合であって、本人の同意を得ることが困難であるとき」は、同意取得の適用除外とされている。この点、「相続人への保険金の支払い等」という「財産の保護」のために、戸籍謄本等により相続人を確定することが「必要」であり、相続人が戸籍謄本等に記載されている親族と連絡を取ることができない等の事情があるため「本人の同意を得ることが困難」であると考えられる（通則GLの意見募集手続における回答No443）。

(エ) 例外⑦および⑧

いずれも本人同意を要件としているため、基本的には、改正法第17条第2項との関係が抵触することはない。

ウ 金融分野GL第5条第3項

金融分野GL第5条 機微（センシティブ）情報

3 金融分野における個人情報取扱事業者は、機微（センシティブ）情報を、第1項に掲げる場合に取得、利用又は第三者提供する場合には、例えば、要配慮個人情報を取得するに当たっては、法第17条第2項に従い、あらかじめ本人の同意を得なければならないとされていることなど、個人情報の保護に関する法令等に従い適切に対応しなけれ

> ばならないことに留意する。

　この規定の趣旨については、機微（センシティブ）情報を金融分野GL第
5条第1項に掲げる場合に取得、利用または第三者提供する場合には、個人
情報の保護に関する法令等の規制が前提となることを確認的に規定している
ものである。

エ　金融分野GL第5条第4項

> **金融分野GL第5条　機微（センシティブ）情報**
> 4　金融分野における個人情報取扱事業者は、機微（センシティブ）情
> 　報を第三者へ提供するに当たっては、法第23条第2項（オプトアウ
> 　ト）の規定を適用しないこととする。なお、機微（センシティブ）情
> 　報のうち要配慮個人情報については、同項において、オプトアウトを
> 　用いることができないとされていることに留意する。

　改正法が要配慮個人情報を、オプトアウトにより第三者提供することを禁
じていることにかんがみて、金融分野GL第5条第4項は機微（センシティ
ブ）情報全体についても、オプトアウトによる第三者提供ができないことと
している。これは、「遵守に努める」ものと整理されている（「こととする」
については、本章1(4)「金融分野GL等の各規定の記載」を参照）。

　「なお」以降の趣旨は、要配慮個人情報については改正法で「義務」と
なっている点を確認的に規定しているものである。

オ　従業員情報

　金融分野GL等は、あくまで、金融機関の本業で取得する顧客情報などが
対象であるため、従業員情報は対象外である。したがって、金融分野におけ
る個人情報取扱事業者において、従業員情報の取扱いについては、改正法の
要配慮個人情報に係る規制が適用されることとなる。

⑵　本人同意の方式

　改正法第16条、第23条および第24条について、各々、本人の同意について規定しているところである。

金融分野GL第３条　同意の形式（法第16条、第23条及び第24条関係）

　以下の事項の他は通則ガイドラインの例による。

　金融分野における個人情報取扱事業者は、法第16条、第23条及び第24条に定める本人の同意を得る場合には、原則として、書面（電磁的記録を含む。以下同じ。）によることとする。

　なお、事業者があらかじめ作成された同意書面を用いる場合には、文字の大きさ及び文章の表現を変えること等により、個人情報の取扱いに関する条項が他と明確に区別され、本人に理解されることが望ましい。または、あらかじめ作成された同意書面に確認欄を設け本人がチェックを行うこと等、本人の意思が明確に反映できる方法により確認を行うことが望ましい。

金融分野GL第11条　第三者提供の制限（法第23条関係）

　以下の事項の他は通則ガイドラインの例による。

1　金融分野における個人情報取扱事業者は、法第23条に従い、第三者提供についての同意を得る際には、原則として、書面によることとし、当該書面における記載を通じて、

　①　個人データを提供する第三者

　②　提供を受けた第三者における利用目的

　③　第三者に提供される情報の内容

　を本人に認識させた上で同意を得ることとする。

　（略）

（利用目的による制限）

法第16条 個人情報取扱事業者は、あらかじめ<u>本人の同意</u>を得ないで、前条の規定により特定された利用目的の達成に必要な範囲を超えて、個人情報を取り扱ってはならない。

2 個人情報取扱事業者は、合併その他の事由により他の個人情報取扱事業者から事業を承継することに伴って個人情報を取得した場合は、あらかじめ<u>本人の同意</u>を得ないで、承継前における当該個人情報の利用目的の達成に必要な範囲を超えて、当該個人情報を取り扱ってはならない。

（略）

（第三者提供の制限）

法第23条 個人情報取扱事業者は、次に掲げる場合を除くほか、あらかじめ<u>本人の同意</u>を得ないで、個人データを第三者に提供してはならない。

（略）

（外国にある第三者への提供の制限）

法第24条 個人情報取扱事業者は、外国…にある第三者…に個人データを提供する場合には、…あらかじめ外国にある第三者への提供を認める旨の<u>本人の同意</u>を得なければならない。（略）

（下線は筆者による）

通則GL2-12においては、「事業の性質及び個人情報の取扱状況に応じ、本人が同意に係る判断を行うために必要と考えられる合理的かつ適切な方法によらなければならない」と記載されているが、必ずしも、方式については限定していない。

この点、金融分野GL第3条においては、改正法第16条、第23条および第

24条に定める本人の同意を得る場合には、原則として、書面（電磁的記録を含む）によることとしている。

　なお、事業者があらかじめ作成された同意書面を用いる場合には、文字の大きさおよび文章の表現を変えること等により、個人情報の取扱いに関する条項が他と明確に区別され、本人に理解されることが望ましいとしている。または、あらかじめ作成された同意書面に確認欄を設け本人がチェックを行うこと等、本人の意思が明確に反映できる方法により確認を行うことが望ましいとしている。

　この規定内容は、基本的に旧金融分野GLの内容を引き継いでいるものであるが、改正法により新設された第24条に基づく本人同意についても同規律に服する点を明確にしている。

　なお、金融分野における個人情報取扱事業者は、改正法第23条に従い、第三者提供についての同意を得る際には、原則として、書面によることとし、当該書面における記載を通じて、

① 　個人データを提供する第三者

② 　提供を受けた第三者における利用目的

③ 　第三者に提供される情報の内容

を本人に認識させた上で同意を得ることとしている（金融分野GL第11条）。

　これは、改正法第24条に従い、第三者提供について同意を得る際には適用されない。

(3)　安全管理措置等

金融分野GL第8条　安全管理措置（法第20条関係）

1　金融分野における個人情報取扱事業者は、その取り扱う個人データの漏えい、滅失又は毀損の防止その他の個人データの安全管理のため、安全管理に係る基本方針・取扱規程等の整備及び安全管理措置に係る実施体制の整備等の必要かつ適切な措置を講じなければならな

い。必要かつ適切な措置は、個人データの取得・利用・保管等の各段階に応じた「組織的安全管理措置」、「人的安全管理措置」及び「技術的安全管理措置」を含むものでなければならない。

　当該措置は、個人データが漏えい、滅失又は毀損等をした場合に本人が被る権利利益の侵害の大きさを考慮し、事業の性質、個人データの取扱状況及び個人データを記録した媒体の性質等に起因するリスクに応じたものとする。

　例えば、不特定多数者が書店で随時に購入可能な名簿で、事業者において全く加工をしていないものについては、個人の権利利益を侵害するおそれは低いと考えられることから、それを処分するために文書細断機等による処理を行わずに廃棄し、又は廃品回収に出したとしても、事業者の安全管理措置の義務違反にはならない。

2　この条における「組織的安全管理措置」とは、個人データの安全管理措置について従業者（法第21条参照）の責任と権限を明確に定め、安全管理に関する規程等を整備・運用し、その実施状況の点検・監査を行うこと等の、個人情報取扱事業者の体制整備及び実施措置をいう。

3　この条における「人的安全管理措置」とは、従業者との個人データの非開示契約等の締結及び従業者に対する教育・訓練等を実施し、個人データの安全管理が図られるよう従業者を監督することをいう。

4　この条における「技術的安全管理措置」とは、個人データ及びそれを取り扱う情報システムへのアクセス制御及び情報システムの監視等の、個人データの安全管理に関する技術的な措置をいう。

5　金融分野における個人情報取扱事業者は、個人データの安全管理に係る基本方針・取扱規程等の整備として、次に掲げる「組織的安全管理措置」を講じなければならない。

（組織的安全管理措置）

（1）　規程等の整備

① 個人データの安全管理に係る基本方針の整備

② 個人データの安全管理に係る取扱規程の整備

③ 個人データの取扱状況の点検及び監査に係る規程の整備

④ 外部委託に係る規程の整備

(2) 各管理段階における安全管理に係る取扱規程

① 取得・入力段階における取扱規程

② 利用・加工段階における取扱規程

③ 保管・保存段階における取扱規程

④ 移送・送信段階における取扱規程

⑤ 消去・廃棄段階における取扱規程

⑥ 漏えい事案等への対応の段階における取扱規程

6　金融分野における個人情報取扱事業者は、個人データの安全管理に係る実施体制の整備として、次に掲げる「組織的安全管理措置」、「人的安全管理措置」及び「技術的安全管理措置」を講じなければならない。

（組織的安全管理措置）

① 個人データの管理責任者等の設置

② 就業規則等における安全管理措置の整備

③ 個人データの安全管理に係る取扱規程に従った運用

④ 個人データの取扱状況を確認できる手段の整備

⑤ 個人データの取扱状況の点検及び監査体制の整備と実施

⑥ 漏えい事案等に対応する体制の整備

（人的安全管理措置）

① 従業者との個人データの非開示契約等の締結

② 従業者の役割・責任等の明確化

③ 従業者への安全管理措置の周知徹底、教育及び訓練

④ 従業者による個人データ管理手続の遵守状況の確認

（技術的安全管理措置）

① 個人データの利用者の識別及び認証

② 個人データの管理区分の設定及びアクセス制御

③ 個人データへのアクセス権限の管理

④ 個人データの漏えい・毀損等防止策

⑤ 個人データへのアクセスの記録及び分析

⑥ 個人データを取り扱う情報システムの稼働状況の記録及び分析

⑦ 個人データを取り扱う情報システムの監視及び監査

金融分野GL第9条　従業者の監督（法第21条関係）

1　金融分野における個人情報取扱事業者は、法第21条に従い、個人データの安全管理が図られるよう、適切な内部管理体制を構築し、その従業者に対する必要かつ適切な監督を行わなければならない。

　　当該監督は、個人データが漏えい、滅失又は毀損等をした場合に本人が被る権利利益の侵害の大きさを考慮し、事業の性質及び個人データの取扱状況等に起因するリスクに応じたものとする。

2　この条における「従業者」とは、個人情報取扱事業者の組織内にあって直接又は間接に事業者の指揮監督を受けて事業者の業務に従事している者をいい、雇用関係にある従業者（正社員、契約社員、嘱託社員、パート社員、アルバイト社員等）のみならず、事業者との間の雇用関係にない者（取締役、執行役、理事、監査役、監事、派遣社員等）も含まれる。

3　金融分野における個人情報取扱事業者は、次に掲げる体制整備等により、従業者に対し必要かつ適切な監督を行わなければならない。

① 従業者が、在職中及びその職を退いた後において、その業務に関して知り得た個人データを第三者に知らせ、又は利用目的外に使用しないことを内容とする契約等を採用時等に締結すること。

② 個人データの適正な取扱いのための取扱規程の策定を通じた従業者の役割・責任の明確化及び従業者への安全管理義務の周知徹底、

教育及び訓練を行うこと。

③　従業者による個人データの持出し等を防ぐため、社内での安全管理措置に定めた事項の遵守状況等の確認及び従業者における個人データの保護に対する点検及び監査制度を整備すること。

金融分野GL第10条　委託先の監督（法第22条関係）

1　金融分野における個人情報取扱事業者は、個人データの取扱いの全部又は一部を委託する場合は、その取扱いを委託された個人データの安全管理が図られるよう、法第22条に従い、委託を受けた者に対する必要かつ適切な監督を行わなければならない。

　　当該監督は、個人データが漏えい、滅失又は毀損等をした場合に本人が被る権利利益の侵害の大きさを考慮し、委託する事業の規模及び性質並びに個人データの取扱状況等に起因するリスクに応じたものとする。

2　「委託」には、契約の形態や種類を問わず、金融分野における個人情報取扱事業者が他の者に個人データの取扱いの全部又は一部を行わせることを内容とする契約の一切を含む。

3　金融分野における個人情報取扱事業者は、個人データを適正に取り扱っていると認められる者を選定し委託するとともに、取扱いを委託した個人データの安全管理措置が図られるよう、個人データの安全管理のための措置を委託先においても確保しなければならない。なお、二段階以上の委託が行われた場合には、委託先の事業者が再委託先等の事業者に対して十分な監督を行っているかについても監督を行わなければならない。

　　具体的には、金融分野における個人情報取扱事業者は、例えば、以下を実施すること。

①　個人データの安全管理のため、委託先における組織体制の整備及び安全管理に係る基本方針・取扱規程の策定等の内容を委託先選定

の基準に定め、当該基準を定期的に見直さなければならない。

　　なお、委託先の選定に当たっては、必要に応じて個人データを取り扱う場所に赴く又はこれに代わる合理的な方法による確認を行った上で、個人データ管理責任者等が適切に評価することが望ましい。

②　委託者の監督・監査・報告徴収に関する権限、委託先における個人データの漏えい・盗用・改ざん及び目的外利用の禁止、再委託に関する条件及び漏えい等が発生した場合の委託先の責任を内容とする安全管理措置を委託契約に盛り込むとともに、定期的に監査を行う等により、定期的又は随時に当該委託契約に定める安全管理措置等の遵守状況を確認し、当該安全管理措置を見直さなければならない。

　　なお、委託契約に定める安全管理措置等の遵守状況については、個人データ管理責任者等が、当該安全管理措置等の見直しを検討することを含め、適切に評価することが望ましい。

　　委託先が再委託を行おうとする場合は、委託元は委託を行う場合と同様、再委託の相手方、再委託する業務内容及び再委託先の個人データの取扱方法等について、委託先に事前報告又は承認手続を求める、直接又は委託先を通じて定期的に監査を実施する等により、委託先が再委託先に対して本条の委託先の監督を適切に果たすこと、再委託先が法第20条に基づく安全管理措置を講ずることを十分に確認することが望ましい。再委託先が再々委託を行う場合以降も、再委託を行う場合と同様とする。

　改正法第20条から第22条までに基づく安全管理措置等に関する義務の具体的内容について、通則GLにおいて規定している。

　この点、旧金融分野GLおよび旧実務指針において、安全管理措置等に関する義務の内容を詳細にわたって規定していたところ、改正後においても、

その規律を継続することとなっている。

　したがって、金融分野における個人情報取扱事業者においては、安全管理措置等に関する義務については、通則GLではなく、金融分野GL第8条から第10条まで、および実務指針が適用されることとなっている。

⑷　その他の上乗せ措置

　次のアからエまでにおいては、改正法により特段の影響を受けず、旧金融分野GLの内容をそのまま引き継いだものとなっている。なお、漏えい報告については、義務（努力措置を含む）の対象となる事案の範囲について改正による影響はないものの、報告を要する頻度等については変更があるため、別建て（本章2⑸「漏えい事案等が発生した場合の対応」）で解説をする。

ア　与信時の利用目的の同意取得

> **金融分野GL第2条　利用目的の特定（法第15条関係）**
>
> 1～2　（略）
>
> 3　金融分野における個人情報取扱事業者が、与信事業に際して、個人情報を取得する場合においては、利用目的について本人の同意を得ることとし、契約書等における利用目的は他の契約条項等と明確に分離して記載することとする。この場合、事業者は取引上の優越的な地位を不当に利用し、与信の条件として、与信事業において取得した個人情報を当該事業以外の金融商品のダイレクトメールの発送等に利用することを利用目的として同意させる行為を行うべきではなく、本人は当該ダイレクトメールの発送等に係る利用目的を拒否することができる。

　金融分野GL第2条第3項により、金融分野における個人情報取扱事業者が、与信事業に際して、個人情報を取得する場合においては、利用目的について本人の同意を得ることとし、契約書等における利用目的は他の契約条項

等と明確に分離して記載することとしている。この場合、事業者は取引上の優越的な地位を不当に利用し、与信の条件として、与信事業において取得した個人情報を当該事業以外の金融商品のダイレクトメールの発送等に利用することを利用目的として同意させる行為を行うべきではなく、本人は当該ダイレクトメールの発送等に係る利用目的を拒否することができる。

なお、金融分野GL等の意見募集手続における回答No14において、「金融分野ガイドライン（案）第2条第3項においては、現行の金融分野ガイドライン第3条第3項における「与信業務以外の金融商品のダイレクトメールの発送に利用することを利用目的として同意させる等」の「等」の位置を変更し、「当該事業以外の金融商品のダイレクトメールの発送等に利用することを利用目的として同意させる」としたものであって、その趣旨に変更はありませんので、現行の金融分野ガイドライン第3条第3項に基づく実務の運用を変更することを求めるものではありません」と回答している。

イ　個人データの保有期限の設定および期間終了後の消去

金融分野GL第7条　データ内容の正確性の確保等（法第19条関係）
　以下の事項の他は通則ガイドラインの例による。
　金融分野における個人情報取扱事業者は、預金者又は保険契約者等の個人データの保存期間については契約終了後一定期間内とする等、保有する個人データの利用目的に応じ保存期間を定め、当該期間を経過した個人データを消去することとする。

〈参考〉
法第19条　個人情報取扱事業者は、利用目的の達成に必要な範囲内において、個人データを正確かつ最新の内容に保つとともに、利用する必要がなくなったときは、当該個人データを遅滞なく消去するよう努めなければならない。

金融分野GL第７条により、金融分野における個人情報取扱事業者は、預金者または保険契約者等の個人データの保存期間については契約終了後一定期間内とする等、保有する個人データの利用目的に応じ保存期間を定め、当該期間を経過した個人データを消去することとしている。

ウ　本人からの開示、訂正等に応じない場合の根拠および根拠となる事実の明示

金融分野GL第14条　理由の説明（法第31条関係）

　金融分野における個人情報取扱事業者は、法第31条に従い、法第27条第３項、第28条第３項、第29条第３項又は第30条第５項の規定により、本人から求められ、又は請求された措置の全部又は一部について、その措置をとらない旨を通知する場合又はその措置と異なる措置をとる旨を通知する場合において、本人に対しその理由を説明する際には、措置をとらないこととし、又は異なる措置をとることとした判断の根拠及び根拠となる事実を示すこととする。

法第27条

１〜２　（略）

３　個人情報取扱事業者は、前項の規定に基づき求められた保有個人データの利用目的を通知しない旨の決定をしたときは、本人に対し、遅滞なく、その旨を通知しなければならない。

（開示）
法第28条

１〜２　（略）

３　個人情報取扱事業者は、第１項の規定による請求に係る保有個人データの全部又は一部について開示しない旨の決定をしたとき又は当該保有個人データが存在しないときは、本人に対し、遅滞なく、その

旨を通知しなければならない。

（略）

（訂正等）

法第29条

1〜2　（略）

3　個人情報取扱事業者は、第１項の規定による請求に係る保有個人データの内容の全部若しくは一部について訂正等を行ったとき、又は訂正等を行わない旨の決定をしたときは、本人に対し、遅滞なく、その旨（訂正等を行ったときは、その内容を含む。）を通知しなければならない。

（利用停止等）

法第30条

1〜4　（略）

5　個人情報取扱事業者は、第１項の規定による請求に係る保有個人データの全部若しくは一部について利用停止等を行ったとき若しくは利用停止等を行わない旨の決定をしたとき、又は第３項の規定による請求に係る保有個人データの全部若しくは一部について第三者への提供を停止したとき若しくは第三者への提供を停止しない旨の決定をしたときは、本人に対し、遅滞なく、その旨を通知しなければならない。

（理由の説明）

法第31条　個人情報取扱事業者は、第27条第３項、第28条第３項、第29条第３項又は前条第５項の規定により、本人から求められ、又は請求された措置の全部又は一部について、その措置をとらない旨を通知する場合又はその措置と異なる措置をとる旨を通知する場合は、本人に

対し、その理由を説明するよう努めなければならない。

　金融分野GL第14条により、金融分野における個人情報取扱事業者は、改正法第31条に従い、同法第27条第3項、第28条第3項、第29条第3項または第30条第5項の規定により、本人から求められ、または請求された措置の全部または一部について、その措置を取らない旨を通知する場合またはその措置と異なる措置を取る旨を通知する場合において、本人に対しその理由を説明する際には、措置を取らないこととし、または異なる措置を取ることとした判断の根拠および根拠となる事実を示すこととしている。

　改正法第31条および通則GL3－5－5においては、「理由を説明」するよう努めなければならないとされているところ、金融分野GL第14条においては、「判断の根拠及び根拠となる事実」についても示すことを求めている。

エ　個人信用情報機関への情報提供に際して個人信用情報機関の会員企業および安全管理措置等を本人に認識させた上での同意取得

金融分野GL第11条　第三者提供の制限（法第23条関係）

　以下の事項の他は通則ガイドラインの例による。

2　個人信用情報機関に対する提供

　　個人信用情報機関に対して個人データが提供される場合には、個人信用情報機関を通じて当該機関の会員企業にも情報が提供されることとなるため、個人信用情報機関に個人データを提供する金融分野における個人情報取扱事業者が本人の同意を得ることとする。

　　本人から同意を得るに当たっては、本人が、個人データが個人信用情報機関を通じて当該機関の会員企業にも提供されることを明確に認識した上で、同意に関する判断を行うことができるようにすることとする。このため、事業者は、同意を得る書面に、前項に定める事項のほか、個人データが当該機関の会員企業にも提供される旨の記載及び当該機関の会員企業として個人データを利用する者の表示を行うこと

とする。

　「当該機関の会員企業として個人データを利用する者」の表示は、「当該機関の会員企業として個人データを利用する者」の外延を本人に客観的かつ明確に示すものであることが必要であり、会員企業の名称を記載する方法若しくは当該機関の規約等及び会員企業名を常時公表しているインターネットのホームページ（苦情処理の窓口の連絡先等、第18条の内容を記載したもの）のアドレスを記載する方法等により、本人が同意の可否を判断するに足りる具体性をもって示すことをいう。また、本人に表示する個人信用情報機関の規約等においては、機関の加入資格及び会員企業の外延が明確に示されるとともに、個人データの適正管理、情報の目的外利用の防止等の観点から、安全管理体制の整備、守秘義務の遵守及び違反に対する制裁措置等を明確に記載することが適切である。

　なお、金融分野における個人情報取扱事業者は、個人信用情報機関から得た資金需要者の返済能力に関する情報については、当該資金需要者の返済能力の調査以外の目的に使用することのないよう、慎重に取り扱うこととする。

3　与信事業における法第23条第2項（オプトアウト）の規定の適用

　金融分野における個人情報取扱事業者は、与信事業に係る個人の返済能力に関する情報を個人信用情報機関へ提供するに当たっては、法第23条第2項の規定を適用しないこととし、前項に従い本人の同意を得ることとする。

4　（略）

　金融分野GL第11条第2項および第3項により、個人信用情報機関に対して個人データが提供される場合には、個人信用情報機関を通じて当該機関の会員企業にも情報が提供されることとなるため、個人信用情報機関に個人データを提供する金融分野における個人情報取扱事業者が本人の同意を得る

こととする。

　本人から同意を得るにあたっては、本人が、個人データが個人信用情報機関を通じて当該機関の会員企業にも提供されることを明確に認識した上で、同意に関する判断を行うことができるようにすることとする。このため、金融分野における個人情報取扱事業者は、同意を得る書面に、前項に定める事項のほか、個人データが当該機関の会員企業にも提供される旨の記載および「当該機関の会員企業として個人データを利用する者」の表示を行うこととする。

　「当該機関の会員企業として個人データを利用する者」の表示は、「当該機関の会員企業として個人データを利用する者」の外延を本人に客観的かつ明確に示すものであることが必要であり、会員企業の名称を記載する方法もしくは当該機関の規約等および会員企業名を常時公表しているインターネットのウェブサイト（苦情処理の窓口の連絡先等、金融分野GL第18条の内容を記載したもの）のアドレスを記載する方法等により、本人が同意の可否を判断するに足りる具体性をもって示すことをいう。また、本人に表示する個人信用情報機関の規約等においては、機関の加入資格および会員企業の外延が明確に示されるとともに、個人データの適正管理、情報の目的外利用の防止等の観点から、安全管理体制の整備、守秘義務の遵守および違反に対する制裁措置等を明確に記載することが適切であるとしている。

　なお、金融分野における個人情報取扱事業者は、個人信用情報機関から得た資金需要者の返済能力に関する情報については、当該資金需要者の返済能力の調査以外の目的に使用することのないよう、慎重に取り扱うこととする。

　また、金融分野における個人情報取扱事業者は、与信事業に係る個人の返済能力に関する情報を個人信用情報機関へ提供するにあたっては、改正法第23条第2項の規定を適用しないこととしている。

⑸ 漏えい事案等が発生した場合の対応

ア 概　要

　金融機関において個人（顧客）情報の漏えい事案等が発生した場合、個情法上は直接の義務規定を置かれていないものの、金融分野GL等、各業法、各監督指針に基づいて、二次被害防止、類似事案発生防止等の観点から、事実関係の調査、漏えいの対象となった顧客本人への通知等の対応が求められる。具体的には、漏えい対象となった情報の性質に応じて、次の㋐または㋑に掲げる義務（努力措置を含む）が課されている。

金融分野GL第17条　個人情報等の漏えい事案等への対応

1　金融分野における個人情報取扱事業者は、個人情報の漏えい事案等又は匿名加工情報の作成に用いた個人情報から削除した記述等及び個人識別符号並びに法第36条第１項の規定により行った加工の方法に関する情報の漏えい事案（以下「個人情報等の漏えい事案等」という。）の事故が発生した場合には、監督当局等に直ちに報告することとする。

2　金融分野における個人情報取扱事業者は、個人情報等の漏えい事案等の事故が発生した場合には、二次被害の防止、類似事案の発生回避等の観点から、当該事案等の事実関係及び再発防止策等を早急に公表することとする。

3　金融分野における個人情報取扱事業者は、個人情報等の漏えい事案等の事故が発生した場合には、当該事案等の対象となった本人に速やかに当該事案等の事実関係等の通知等を行うこととする。

実務指針２－６－１　金融分野における個人情報取扱事業者は、１－２③又は６－６－１に基づき、自社内外への報告体制を整備するとともに、漏えい事案等が発生した場合には、次に掲げる事項を実施しなけ

れば ならない。

① 監督当局等への報告

② 本人への通知等

③ 二次被害の防止・類似事案の発生回避等の観点からの漏えい事案
等の事実関係及び再発防止策等の早急な公表

　なお、上記の金融分野GL等にかかわらず、個人番号（マイナンバー）が
漏えいした場合においては、番号法第29条の4、委員会規則・告示により所
定の対応が求められていることに留意する必要がある。

　㋐　「個人データ」の漏えい事案等が発生した場合

　実務指針2－6－1において、「個人データ」の漏えい事案等が発生した
場合には、①監督当局等への報告、②本人への通知等、③二次被害の防止・
類似事案の発生回避等の観点からの漏えい事案等の事実関係および再発防止
策等の早急な公表、を実施しなければならないとされている（義務規定）。

　㋑　「個人データに該当しない個人情報」の漏えい事案等が発生した場合

　金融分野GL第17条第1項において、個人情報等の漏えい事案等への対応
として、「金融分野における個人情報取扱事業者は、個人情報等の漏えい事
案等の事故が発生した場合には、監督当局等に直ちに報告することとする」
とされている（努力義務規定）。

イ　金融取引に係る顧客情報以外の個人データの漏えい事案等が発生した場合

　この場合については、金融分野GL等ではなく、汎用ルールである「個人
データの漏えい等の事案が発生した場合等の対応について（平成29年個人情
報保護委員会告示第1号）」に従うこととなる。なお、この場合、委員会の
汎用ルールでは、あくまで「個人データ」を漏えい等した場合が報告の対象
となる。

（注1）　金融機関自身の雇用管理情報、株主情報の漏えい事案等への対
応については、個人データの漏えい等の事案が発生した場合等の

> 対応について（平成29年個人情報保護委員会告示第１号）による
> こととなります。ただし、報告の方法については、個人情報保護
> 委員会に対して報告してください。

（出所）「金融機関における個人情報保護に関するＱ＆Ａ」問Ⅳ－６

個人データの漏えい等の事案が発生した場合等の対応について（平成29年個人情報保護委員会告示第１号）

　個人情報保護委員会は、「個人情報の保護に関する法律についてのガイドライン（通則編）」（平成28年個人情報保護委員会告示第６号。以下「通則ガイドライン」という。）を平成28年11月30日に公表した。

　通則ガイドラインの「４　漏えい等の事案が発生した場合等の対応」において、「漏えい等の事案が発生した場合等において、二次被害の防止、類似事案の発生防止等の観点から、個人情報取扱事業者が実施することが望まれる対応については、別に定める」こととしていたが、当該対応について次のとおり定める。

　本告示において使用する用語は、特に断りのない限り、通則ガイドラインにおいて使用する用語の例による。

　なお、特定個人情報の漏えい事案等が発覚した場合については、本告示によらず、「事業者における特定個人情報の漏えい事案等が発生した場合の対応について」（平成27年特定個人情報保護委員会告示第２号）による。

１．対象とする事案

　本告示は、次の(1)から(3)までのいずれかに該当する事案（以下「漏えい等事案」という。）を対象とする。

(1)　個人情報取扱事業者が保有する個人データ（特定個人情報に係るものを除く。）の漏えい、滅失又は毀損

(2) 個人情報取扱事業者が保有する加工方法等情報（個人情報の保護に関する法律施行規則（平成28年10月5日個人情報保護委員会規則第3号）第20条第1号に規定する加工方法等情報をいい、特定個人情報に係るものを除く。）の漏えい

(3) 上記(1)又は(2)のおそれ

2．漏えい等事案が発覚した場合に講ずべき措置

　個人情報取扱事業者は、漏えい等事案が発覚した場合は、次の(1)から(6)に掲げる事項について必要な措置を講ずることが望ましい。

(1) 事業者内部における報告及び被害の拡大防止

　　責任ある立場の者に直ちに報告するとともに、漏えい等事案による被害が発覚時よりも拡大しないよう必要な措置を講ずる。

(2) 事実関係の調査及び原因の究明

　　漏えい等事案の事実関係の調査及び原因の究明に必要な措置を講ずる。

(3) 影響範囲の特定

　　上記(2)で把握した事実関係による影響の範囲を特定する。

(4) 再発防止策の検討及び実施

　　上記(2)の結果を踏まえ、漏えい等事案の再発防止策の検討及び実施に必要な措置を速やかに講ずる。

(5) 影響を受ける可能性のある本人への連絡等

　　漏えい等事案の内容等に応じて、二次被害の防止、類似事案の発生防止等の観点から、事実関係等について、速やかに本人へ連絡し、又は本人が容易に知り得る状態に置く。

(6) 事実関係及び再発防止策等の公表

　　漏えい等事案の内容等に応じて、二次被害の防止、類似事案の発生防止等の観点から、事実関係及び再発防止策等について、速やかに公表する。

3．個人情報保護委員会等への報告

　個人情報取扱事業者は、漏えい等事案が発覚した場合は、その事実関係及び再発防止策等について、個人情報保護委員会等に対し、次のとおり速やかに報告するよう努める。

(1)　報告の方法

　　原則として、個人情報保護委員会に対して報告する。ただし、法第47条第1項に規定する認定個人情報保護団体の対象事業者である個人情報取扱事業者は、当該認定個人情報保護団体に報告する。

　　上記にかかわらず、法第44条第1項に基づき法第40条第1項に規定する個人情報保護委員会の権限（報告徴収及び立入検査）が事業所管大臣に委任されている分野における個人情報取扱事業者の報告先については、別途公表するところによる（※1）。

(※1)　法第44条第1項に基づき法第40条第1項に規定する個人情報保護委員会の権限が事業所管大臣に委任されている分野の詳細についても、別途公表するところによる。

(2)　報告を要しない場合

　　次の①又は②のいずれかに該当する場合は、報告を要しない（※2）。

(※2)　この場合も、事実関係の調査及び原因の究明並びに再発防止策の検討及び実施をはじめとする上記2．の各対応を実施することが、同様に望ましい。

①　実質的に個人データ又は加工方法等情報が外部に漏えいしていないと判断される場合（※3）

(※3)　なお、「実質的に個人データ又は加工方法等情報が外部に漏えいしていないと判断される場合」には、例えば、次のような場合が該当する。

　　・漏えい等事案に係る個人データ又は加工方法等情報について高度な暗号化等の秘匿化がされている場合

・漏えい等事案に係る個人データ又は加工方法等情報を第三
者に閲覧されないうちに全てを回収した場合

・漏えい等事案に係る個人データ又は加工方法等情報によっ
て特定の個人を識別することが漏えい等事案を生じた事業
者以外ではできない場合（ただし、漏えい等事案に係る個
人データ又は加工方法等情報のみで、本人に被害が生じる
おそれのある情報が漏えい等した場合を除く。）

・個人データ又は加工方法等情報の滅失又は毀損にとどま
り、第三者が漏えい等事案に係る個人データ又は加工方法
等情報を閲覧することが合理的に予測できない場合

② 　FAX若しくはメールの誤送信、又は荷物の誤配等のうち軽微
なものの場合（※4）

（※4）　なお、「軽微なもの」には、例えば、次のような場合が該
当する。

・FAX若しくはメールの誤送信、又は荷物の誤配等のう
ち、宛名及び送信者名以外に個人データ又は加工方法等情
報が含まれていない場合

　上記のQ＆Aにおいては、「雇用管理情報」「株主情報」が明記されている
が、これに限定されるものではない。金融機関が、金融取引とは関係なく、
一事業者として取得した個人情報（例えば、施設内の清掃業務、プリンター
の設置業務を委託した事業者の名刺）などを漏えいしてしまった場合にも、
同じ整理が可能であろう。

　個情法改正前においては、金融機関が"金融取引に係る顧客情報以外の個
人データ"を漏えいした場合の報告先などについては必ずしも明確ではな
かったが、改正により、金融分野GL等が適用されない場合は、全事業者に
とっての汎用ルールである「個人データの漏えい等の事案が発生した場合等
の対応について」が適用される旨が明確になっている。

金融機関においては、漏えい事案が発生した場合、汎用ルールが適用される事案なのか、または、金融分野の特別ルールが適用されるのかをまず判断することとなる。

ウ　各業法、監督指針の体系における対応について

上記ア、イにおいては、個情法の体系に基づく、各義務について説明した。他方で、一般に金融機関においては、各業法のもとでも顧客情報を安全に管理すべき義務が課せられている。これは、改正前の個情法施行時に、各業法の体系上も個人顧客情報の漏えい等の防止の実効性を確保し、行政措置の根拠について透明性を確保するため、個人顧客情報の取扱いに関する規定を整備することとしたものである。

金融審議会特別部会における審議を踏まえた、各業法上における個人顧客情報漏えい等防止のための法制上の措置について（平成16年12月20日）

１．基本的考え方

　　各業法に基づき、金融分野の個人情報取扱事業者においては個人顧客情報の適正な管理が求められるところであり、明年４月以降の個人情報の保護に関する法律の施行を踏まえ、事業者における以下の措置の実施の確保を各業法の施行規則上明らかにすることとする。

①　個人顧客に関する情報の漏えい、滅失又はき損の防止のための、情報の安全管理に係る取扱規程及び組織体制の整備等並びに委託先の選定及び監督等の必要かつ適切な措置の実施

②～③　（略）

（出所）「個人顧客情報の取扱い等に関する関連府省令の改正（案）に対する意見募集の実施について」

（問Ⅳ－２）　なぜ個人情報保護法に加え、各業法で個人情報の安全管理

が求められているのか。

(答)

　個人情報保護法の体系（個人情報保護法—通則ガイドライン及び金融分野ガイドライン—実務指針等）は、個人の権利利益を保護することを目的としているもので、銀行法などの各業法の体系（法律—施行規則—監督指針等）は、金融機関の業務の公共性等に鑑み、その業務の健全かつ適切な運営を確保するという観点から、個人顧客情報の適正な管理を求めているものです。

　個人情報保護法の体系に加え、各業法の体系においても個人顧客情報の安全管理措置等を求めていますが、具体的な措置の内容は、各業態の監督指針等において基本的に個人情報保護法の体系で求めている内容を準用しています。これには、個人情報保護法上の個人情報取扱事業者でもあり各業法の規制対象でもある金融機関が、二つの法規に服することによる混乱を回避するという意味があります。

（出所）「金融機関における個人情報保護に関するQ＆A」12頁

　他方、監督指針においては、個人に関する情報のみならず、「法人情報も含む顧客情報」をも含めて体制の整備を求められていることについて留意する必要がある。

　これらの各業法、監督指針の位置付けについては、本改正の前後において変更はない。

　そして、これらの各業法、監督指針の位置付けと、監督当局等への報告義務との関係においては、次のQ＆Aの記載のとおりである。

（問Ⅳ－6）

（参考）

(1)～(2)　（略）

(3)　業法の体系における安全管理措置（義務規定）

業法では、実務指針と同じ措置が義務付けられており、漏えい事案等への対応についても、⑴と同じ対応が求められます。対象となる情報は個人顧客に関する「個人データ」で、対象事業者は、その業法の適用を受ける全ての金融機関です。

⑷　業法の体系における態勢整備の規定（監督上の着眼点）

　　監督指針等の中には、監督上の主な着眼点として、「顧客情報の漏洩等が発生した場合に、監督当局等への報告が迅速かつ適切に行われる態勢が整備されているか。」等の記述が設けられているものがあります。対象となる情報は「法人情報も含む顧客情報」で、対象事業者は、その業法の適用を受ける全ての金融機関です。

⑸　（略）

（出所）　「金融機関における個人情報保護に関するQ&A」15頁

　上記（問Ⅳ-6）の（参考）の⑷においては、「法人情報も含む顧客情報」をも対象にしているが、決してこれは個情法上の義務を超えた対応を義務付けるものではなく、各監督指針の趣旨にかんがみて、必要な対応をすべき体制を整備すべき点に着眼点が置かれているものである。

　なお、各金融機関の体制次第ではあるが、例えば、情報の漏えい等が発生した場合には、それが法人顧客情報であれ従業員の情報であれ、基本的には監督当局等に報告することとしていれば、監督当局等への報告態勢に問題があると認められることはないと考えられる（「金融機関における個人情報保護に関するQ&A」14頁参照）。

【情報管理に関する主な各業法の規定】

○金融商品取引業等に関する内閣府令（平成19年内閣府令第52号）

　（業務の運営の状況が公益に反し又は投資者の保護に支障を生ずるおそれがあるもの）

　第123条　法第40条第2号に規定する内閣府令で定める状況は、次に

掲げる状況とする。

一〜五

六　その取り扱う個人である顧客に関する情報の安全管理、従業者の監督及び当該情報の取扱いを委託する場合には、その委託先の監督について、当該情報の漏えい、滅失又は毀損の防止を図るために必要かつ適切な措置を講じていないと認められる状況

○銀行法施行規則（昭和57年大蔵省令第10号）

（個人顧客情報の安全管理措置等）

第13条の6の5　銀行は、その取り扱う個人である顧客に関する情報の安全管理、従業者の監督及び当該情報の取扱いを委託する場合にはその委託先の監督について、当該情報の漏えい、滅失又はき損の防止を図るために必要かつ適切な措置を講じなければならない。

○保険業法施行規則（平成8年2月29日大蔵省令第5号）

（個人顧客情報の安全管理措置等）

第53条の8　保険会社は、その取り扱う個人である顧客に関する情報の安全管理、従業者の監督及び当該情報の取扱いを委託する場合にはその委託先の監督について、当該情報の漏えい、滅失又はき損の防止を図るために必要かつ適切な措置を講じなければならない。

（個人顧客情報の安全管理措置等）

第227条の9　保険募集人又は保険仲立人は、その取り扱う個人である顧客に関する情報の安全管理、従業者の監督及び当該情報の取扱いを委託する場合にはその委託先の監督について、当該情報の漏えい、滅失又は毀損の防止を図るために必要かつ適切な措置を講じなければならない。

○貸金業法施行規則（昭和58年 8 月10日大蔵省令第40号）

（個人の資金需要者等に関する情報の安全管理措置等）

第10条の 2 　貸金業者は、その取り扱う個人である資金需要者等に関する情報の安全管理、従業者の監督及び当該情報の取扱いを委託する場合には、その委託先の監督について、当該情報の漏えい、減失又はき損の防止を図るために必要かつ適切な措置を講じなければならない。

○投資信託及び投資法人に関する法律施行規則（平成12年11月17日総理府令第129号）

（業務の運営の状況が公益に反し又は投資者の保護に支障を生ずるおそれがあるもの）

第241条　法第197条において準用する金融商品取引法第40条第 2 号に規定する内閣府令で定める状況は、次に掲げる状況とする。

一　その取り扱う個人である顧客に関する情報の安全管理、従業者の監督及び当該情報の取扱いを委託する場合にはその委託先の監督について、当該情報の漏えい、減失又はき損の防止を図るために必要かつ適切な措置を講じていないと認められる状況

【金融商品取引業者等向けの総合的な監督指針】

Ⅲ－2－4　顧客等に関する情報管理態勢

(1)　顧客等に関する情報管理態勢に係る留意事項

①～④　（略）

⑤　顧客等に関する情報の漏えい等が発生した場合に、適切に責任部署へ報告され、二次被害等の発生防止の観点から、対象となった顧客等への説明、当局への報告及び公表が迅速かつ適切に行われる体制が整備されているか。

　また、情報漏えい等が発生した原因を分析し、再発防止に向けた対

策が講じられているか。更には、他社における漏えい事故等を踏まえ、類似事例の再発防止のために必要な措置の検討を行っているか。

【主要行等向けの総合的な監督指針】

Ⅲ－3－3－3－2　主な着眼点

(1)　顧客等に関する情報管理態勢

①〜③　(略)

④　顧客等に関する情報の漏えい等が発生した場合に、適切に責任部署へ報告され、二次被害等の発生防止の観点から、対象となった顧客等への説明、当局への報告及び必要に応じた公表が迅速かつ適切に行われる体制が整備されているか。

　また、情報漏えい等が発生した原因を分析し、再発防止に向けた対策が講じられているか。更には、他社における漏えい事故等を踏まえ、類似事例の再発防止のために必要な措置の検討を行っているか。

【保険会社向けの総合的な監督指針】

Ⅱ－4－5　顧客等に関する情報管理態勢

Ⅱ－4－5－2　主な着眼点

(1)　顧客等に関する情報管理態勢

①〜④　(略)

⑤　顧客等に関する情報の漏えい等が発生した場合に、適切に責任部署へ報告され、二次被害等の発生防止の観点から、対象となった顧客等への説明、当局への報告及び必要に応じた公表が迅速かつ適切に行われる体制が整備されているか。

　また、情報漏えい等が発生した原因を分析し、再発防止に向けた対策が講じられているか。さらには、他社における漏えい事故等を踏まえ、類似事例の再発防止のために必要な措置の検討を行っているか。

エ　本改正による変更（報告の対象、頻度）

　本改正により、金融機関による漏えい報告は、個別の事案ごとに検討した結果、直ちに報告を行う必要性が低いと判断したものであれば、四半期に1回程度によることでよいとされている。

（問Ⅳ−11）　個人情報等の漏えい事案等が発生した場合の監督当局等への報告は、どこまで厳密に行う必要があるのか。例えば、FAXの誤送信、郵便物等の誤送付及びメールの誤送信などによる個人情報等の漏えい等で、当該情報の量や性質等に鑑みて、漏えい事案等としては軽微と思われるものまで、発生段階で必ず監督当局等へ報告する必要性があるのか。

（答）

（略）FAXの誤送信、郵便物等の誤送付及びメール誤送信などについては、個人情報取扱事業者が個別の事案ごとに、漏えい等した情報の量、機微（センシティブ）情報の有無及び二次被害や類似事案の発生の可能性などを検討し直ちに報告を行う必要性が低いと判断したものであれば、業務上の手続きの簡素化を図る観点から、四半期に一回程度にまとめて報告しても差し支えありません。

　このほか、郵便局員による誤配など、個人情報取扱事業者の責めに帰さない事案については、原則として報告を要しません。ただし、「本人の権利利益が侵害されておらず、今後も権利利益の侵害の可能性がない又は極めて小さい」とはいえない場合については、上記の諸事情を検討したうえで、都度直ちに又は四半期に一回程度にまとめてご報告していただく必要があります。

　他方で、いかなる場合でも対外公表を行う場合は都度直ちにご報告し

ていただく必要があります。

図表3-2　漏えい報告対象・頻度に係る新旧対照表

	改正前	改正後
報告対象	個人情報の漏えい事案等が発生した場合は、全件報告を求めていた。	個人情報の漏えい事案等が発生した場合において、金融機関の責めに帰さない事案については、本人の権利利益の侵害が懸念される案件や公表案件を除いて、原則、報告を求めないこととした。
報告頻度	軽微と考えられる事案について、月次の報告を求めていた。	軽微と考えられる事案について、四半期毎の報告に見直しを行った。

(出所)「報告頻度の見直しや報告の廃止を行った主な調査等について」(平成29年7月7日金融庁発表資料)

第 4 章

権限行使と罰則

1 委員会による権限行使

（報告及び立入検査）

法第40条　個人情報保護委員会は、前2節及びこの節の規定の施行に必要な限度において、個人情報取扱事業者又は匿名加工情報取扱事業者（以下「個人情報取扱事業者等」という。）に対し、個人情報又は匿名加工情報（以下「個人情報等」という。）の取扱いに関し、必要な報告若しくは資料の提出を求め、又はその職員に、当該個人情報取扱事業者等の事務所その他必要な場所に立ち入らせ、個人情報等の取扱いに関し質問させ、若しくは帳簿書類その他の物件を検査させることができる。

2　前項の規定により立入検査をする職員は、その身分を示す証明書を携帯し、関係人の請求があったときは、これを提示しなければならない。

3　第1項の規定による立入検査の権限は、犯罪捜査のために認められたものと解釈してはならない。

（指導及び助言）

法第41条　個人情報保護委員会は、前2節の規定の施行に必要な限度において、個人情報取扱事業者等に対し、個人情報等の取扱いに関し必要な指導及び助言をすることができる。

（勧告及び命令）

法第42条　個人情報保護委員会は、個人情報取扱事業者が第16条から第18条まで、第20条から第22条まで、第23条（第4項を除く。）、第24条、第25条、第26条（第2項を除く。）、第27条、第28条（第1項を除

く。）、第29条第2項若しくは第3項、第30条第2項、第4項若しくは第5項、第33条第2項若しくは第36条（第6項を除く。）の規定に違反した場合又は匿名加工情報取扱事業者が第37条若しくは第38条の規定に違反した場合において個人の権利利益を保護するため必要があると認めるときは、当該個人情報取扱事業者等に対し、当該違反行為の中止その他違反を是正するために必要な措置をとるべき旨を勧告することができる。

2　個人情報保護委員会は、前項の規定による勧告を受けた個人情報取扱事業者等が正当な理由がなくてその勧告に係る措置をとらなかった場合において個人の重大な権利利益の侵害が切迫していると認めるときは、当該個人情報取扱事業者等に対し、その勧告に係る措置をとるべきことを命ずることができる。

3　個人情報保護委員会は、前2項の規定にかかわらず、個人情報取扱事業者が第16条、第17条、第20条から第22条まで、第23条第1項、第24条若しくは第36条第1項、第2項若しくは第5項の規定に違反した場合又は匿名加工情報取扱事業者が第38条の規定に違反した場合において個人の重大な権利利益を害する事実があるため緊急に措置をとる必要があると認めるときは、当該個人情報取扱事業者等に対し、当該違反行為の中止その他違反を是正するために必要な措置をとるべきことを命ずることができる。

　委員会の権限として、改正法第42条により、「勧告（第1項）」「命令（第2項）」および「緊急命令（第3項）」が規定されている。

　改正法第42条第1項に列記されている各条項の規定に違反すると判断された場合において、実際に委員会が「勧告」を行うこととなるのは、個人の権利利益を保護するため必要があると委員会が認めたときとなる。

　一方、例えば、「委員会GL（通則GL、外国GL、確認記録GL、匿名加工GL）」の中で、「努めなければならない」「望ましい」等と記述している事項

については、これに従わなかったことをもって直ちに個情法違反と判断されることはないが、個情法の基本理念（改正法第３条）を踏まえ、個人情報取扱事業者等の特性や規模に応じ可能な限り対応することが望まれる。

「命令」は、単に「勧告」に従わないことをもって発せられることはなく、正当な理由なくその勧告に係る措置をとらなかった場合において個人の重大な権利利益の侵害が切迫していると委員会が認めたときに発せられる。

なお、「勧告」に従わなかったか否かを明確にするため、委員会は、「勧告」に係る措置を講ずべき期間を設定して「勧告」を行うこととしている。

「緊急命令」は、個人情報取扱事業者等が上記各規定に違反した場合において、個人の重大な権利利益を害する事実があるため緊急に措置をとる必要があると委員会が認めたときに、「勧告」を前置せずに行う。

また、「命令」および「緊急命令」に従わなかったか否かを明確にするため、委員会は、「命令」および「緊急命令」に係る措置を講ずべき期間を設定して「命令」および「緊急命令」を行い、当該期間中に措置が講じられない場合は、「罰則」（改正法第84条、第87条）が適用される。

2 個人情報データベース等不正提供罪

法第83条　個人情報取扱事業者（その者が法人（法人でない団体で代表者又は管理人の定めのあるものを含む。第87条第１項において同じ。）である場合にあっては、その役員、代表者又は管理人）若しくはその従業者又はこれらであった者が、その業務に関して取り扱った個人情報データベース等（その全部又は一部を複製し、又は加工したものを含む。）を自己若しくは第三者の不正な利益を図る目的で提供し、又は盗用したときは、１年以下の懲役又は50万円以下の罰金に処する。

法第86条　第82条及び第83条の規定は、日本国外においてこれらの条の罪を犯した者にも適用する。

法第87条　法人の代表者又は法人若しくは人の代理人、使用人その他の従業者が、その法人又は人の業務に関して、第83条から第85条までの違反行為をしたときは、行為者を罰するほか、その法人又は人に対しても、各本条の罰金刑を科する。

2　（略）

(1)　制定の背景

本改正により、個人情報データベース等不正提供罪が新設されている。

例えば、従業員が、会社内で保管されている個人データを、金儲け目的で、名簿業者に売り払ったり、または、副業に使用したりする場合には、本罪により、1年以下の懲役または50万円以下の罰金に処せられる可能性がある。

なお、本罪が新設される前でも、同種の行為については刑事罰の対象となり得た。例えば、一般刑法の財産犯（窃盗罪など）や、不正競争防止法（平成5年法律第47号）違反などである。

特に、持ち出した個人データが、不正競争防止法上の「営業秘密」に該当する場合は、同法に基づき、10年以下の懲役もしくは2,000万円以下の罰金またはこれらの併科に処せられることとなる。本改正のきっかけにもなった、平成26年の大規模漏えい事案においても、事業者の再委託先の従業員が不正に顧客データを持ち出したものであるが、不正競争防止法により訴追されている。

しかし、上記の事案において不正競争防止法を適用するためには、対象の顧客データが「営業秘密」に該当すること、また、行為者にその認識（故意）があることが必要となり、すべての顧客データが「営業秘密」に該当す

るとは限らない。また、不正競争防止法の保護法益は、事業者間の不正競争の防止にあり、必ずしも、顧客データに含まれる顧客本人の権利利益の保護を直接の目的としているものではない。

今後、同種の事案が発生した場合には、個情法に新設された、この個人情報データベース等不正提供罪が適用される可能性がある。

(2) 適用要件

ア 「その業務に関して」

純粋に私的な業務を除外する趣旨である。

なお、実際に、行為者が個人データを取り扱っていたことまで要するものではない。そのため、通常は顧客情報を取り扱う立場にない従業者が、業務上知ったアクセス方法を利用して顧客情報にアクセスし得る場合や、実際の業務は従業者に任せている管理職が、管理職としての立場を利用し事業で用いている顧客情報を入手し得る場合なども該当し得る。

イ 「自己若しくは第三者の不正な利益を図る目的で」

「自己又は第三者の不正な利益を図る目的」という要件を課し、処罰範囲を限定している。なお、加害目的をもって行為を行う場合は、文言上は、対象とされていない。

ウ 「提　　供」

第三者が利用できる状態に置くことをいう。例えば、電子メールで送信すること、電磁的記録媒体にコピーした上で当該電磁的記録媒体を交付することなどである。そのほか、パスワードを知らせて個人番号を管理するシステムを直接操作することを可能ならしめる場合などが含まれる。

エ 「盗　　用」

盗み利用することである。例えば、個人情報取扱事業者の職員が、職務上取り扱っている個人データの情報を使って個人情報の本人になりすまし、借金の申込みや物品の購入等、各種の行為を行うことや、メーリングリストを持ち出し、個人的に行っている別事業のためにこれを利用してダイレクト

メールを送付することなどがこれに当たる。

(3) 国外犯（改正法第86条）

属人主義の観点より国外犯処罰を行うこととしている。個人情報取扱事業者が国内にある場合であっても、従業員が情報を持ち出して海外で提供行為を行うこともあり得るし、域外適用を前提とすれば、個人情報取扱事業者が国外にあり、その従業員が国外で不正提供等の行為を行うことが想定される。そこで、個人データの提供・盗用は海外で行う場合でも国外犯処罰の対象としている。

(4) 両罰規定（改正法第87条）

従業者が個人情報データベース等不正提供罪の行為を行った場合は、当該従業者の属する法人も、両罰規定により、50万円の罰金に処せられる可能性がある。

金融機関職員なら知っておきたい
個人情報の取扱い

2017年12月26日　第1刷発行

著　者　和　田　洋　一
　　　　北　村　剛　士
　　　　小田倉　宏　和
発行者　小　田　　　徹
印刷所　三松堂印刷株式会社

〒160-8520　東京都新宿区南元町19
発　行　所　一般社団法人 金融財政事情研究会
企画・制作・販売　株式会社 き ん ざ い
出版部　TEL 03(3355)2251　FAX 03(3357)7416
販売受付　TEL 03(3358)2891　FAX 03(3358)0037
URL http://www.kinzai.jp/

ISBN978-4-322-13240-3